马克思主义经典著作解读丛书

Makesi Zhuyi Jingdian Zhuzuo J

主编 / 王为全

帝国主义本质和规律的深刻揭示

《帝国主义是资本主义的最高阶段》

解 读

李弘祎 ◎编著

中国出版集团

现代出版社

图书在版编目(CIP)数据

帝国主义本质和规律的深刻揭示：《帝国主义是资本主义的最高阶段》解读／李弘祎编著. —北京：现代出版社，2016.1 （2025.1重印）

ISBN 978-7-5143-1579-0

Ⅰ.①帝… Ⅱ.①李… Ⅲ.①帝国主义–列宁著作研究

Ⅳ.①A821.24

中国版本图书馆 CIP 数据核字(2014)第 106571 号

作　　者	李弘祎
责任编辑	王敬一
出版发行	现代出版社
通讯地址	北京市安定门外安华里 504 号
邮政编码	100011
电　　话	010-64267325 64245264(传真)
网　　址	www.1980xd.com
电子邮箱	xiandai@cnpitc.com.cn
印　　刷	三河市嵩川印刷有限公司
开　　本	700mm×1000mm 1/16
印　　张	12
版　　次	2016 年 1 月第 1 版　2025 年 1 月第 3 次印刷
书　　号	ISBN 978-7-5143-1579-0
定　　价	48.00 元

引　言

　　《帝国主义是资本主义的最高阶段》（以下简称《帝国主义论》）一书，是由伟大的无产阶级革命家、马克思和恩格斯思想与事业的继承者——列宁，于 1916 年 6 月在瑞士苏黎世创作完成的，并于 1917 年 9 月以《帝国主义是资本主义的最新阶段（通俗的论述）》为书名在俄国彼得格勒出版。它是列宁关于帝国主义理论的重要著作，是马克思和恩格斯资本主义学说的继续与发展，是一部划时代的马克思列宁主义经典著作。

　　《帝国主义论》以历史唯物主义的方法论，在马克思《资本论》的基础上，全面、系统地总结了 19 世纪末至 20 世纪初资本主义发展到新阶段所呈现出的新特征，剖析了这一阶段的资本主义制度，阐明了帝国主义是资本主义发展到最高阶段的实质，阐明了帝国主义产生、发展和最终必将走向灭亡的客观规律；批判了以考茨基为代表的机会主义关于帝国主义的错误论断，打破了他们企图在资本主义制度下达到永久和平的幻想，作出了帝国主义是寄生的、腐朽的、垂死的资本主义，是无产阶级革命前夜的论断；明确指出了帝国主义是资本主义"过渡的""暂时的"历史阶段，在这个阶段中，无产阶级社会革命随时可能发生并取得革命的胜利。《帝国主义论》所体现的列宁思想，在俄国十月革命胜利后得到了肯定的实践验证，并由此开启了

20 世纪世界社会主义革命运动的新时代。

《帝国主义论》问世至今，已有近一个世纪的光阴，但它仍然具有鲜活的生命力。当代资本主义与社会主义运动都发生了显著的变化，资本主义经济发展方式借由经济全球化的浪潮，其表现方式和发展手段都呈现出与以往帝国主义的不同。殖民时期帝国主义的暴力掠夺、瓜分世界被新殖民主义的经济渗透所取代，大型垄断组织被跨国公司和国家间经济合作组织所取代，这种经济上、政治上和军事上的隐形侵略，成为了新世纪以来资本主义国家继续奉行其帝国主义策略，垄断国际经济市场和推行强权政治的合法手段，其帝国主义的实质和特征并没有改变，甚至将列宁所论述的帝国主义特征发展到了极致。所以，列宁关于帝国主义的理论，对于指引我们认清资本主义和帝国主义的真实面目，认清在经济全球化的时代背景下，帝国主义新的变化和新的特点，指导无产阶级革命与社会主义建设实践仍然具有重大的理论与现实意义。列宁留给我们的无疑是一笔巨大的精神财富，是我们认识世界、改造世界、建设中国特色社会主义的强大思想武器。我国正处于改革与发展的攻坚阶段，需要准确地把握好改革方向，需要清醒地认识到资本主义国家和跨国集团对我国进行资本输出的实质，才能在改革发展的过程中坚定不移地走中国特色社会主义发展道路，才能实现中华民族的伟大复兴，实现国家富强、民族振兴、人民幸福的"中国梦"。

目　录

第一章 《帝国主义论》的写作背景与过程

任何思想理论的产生，都要有形成它的环境与土壤。《帝国主义论》的诞生并非偶然，也有着复杂的时代与历史背景，只有首先了解这些背景因素，才能使我们更好地理解和把握它的精神实质与现实价值。同时，该著作的写作与出版也经历了一个漫长、曲折的过程，列宁是以惊人的毅力克服了巨大的困难在逆境中完成写作的，了解该著作的写作历程，可以使我们从这位先贤身上学习那种不怕困难、勇于求真的质朴精神。

第一节 资本主义社会经济的变化

资本主义自由经济的发展，到了 19 世纪 60—70 年代进入了顶峰时期，开始逐渐向垄断经济过度，直至 20 世纪初，资本主义完全进入了垄断资本主义时代。此时，列宁注意到，在这一过程当中，资本主义社会经济生活中出现了许多不同于以往自由竞争时期的新的经济特征。正是这些社会经济新的变化，为列宁形成新的关于帝国主义的理论提供了必要的社会物质基础。

资本主义的生产方式是在封建社会内部孕育而生的，封建社会后期手工业和商业的兴旺，推动了社会生产力的进步。从 16 世纪开始，西欧各国的资本主义都有了不同程度的发展，封建制度下的生产关系严重束缚了社会生产力的进一步提高，不能满足新兴资产阶级的要求，于是，以 1566 年的尼德兰革命①为开端，西方各国相继爆发了资产阶级革命。而 1648 年英国资产阶级革命的胜利，意味着人类社会进入了自由资本主义的时代，自此，自由竞争在资本主义经济生活中开始占据统治地位。在资本主义自由竞争时期，企业之间在资本家自主经营、不受国家政府干预的情况下，自由地展开竞争。为了攫取更多的利润，在残酷的自由竞争中保持优势地位，资本家们除了加强对雇佣劳动者的剥削之外，还想方设法不断改进生产技术以提高劳动生产效率，扩大生产规模以积累资本实力，这在很大程度上提高了资本主义社会生产力，极大地促进了资本主义经济的发展，可以说，直至 19 世纪 60—70 年代都是资本主义发展过程中的上升时期。

总的来说，这一时期所呈现的特征有以下几个方面：第一，资本家生产经营的规模并不大，所占有的资本数量相对较少，因此，生产集中与资本积聚的程度也较低；第二，资本主义企业以资本家独立经营为主要形式，资本家之间以自由竞争方式为经营准则，不

---

① 尼德兰革命：尼德兰指莱茵河、柴尔德河下游及北海沿岸地势低洼的地区，包括今荷兰、比利时、卢森堡和法国北部的一小部分。16 世纪初，这里是西班牙哈布斯堡王朝的领地。1566 年，尼德兰爆发了反对西班牙统治的人民起义，历史上称作尼德兰革命。尼德兰革命实质是由于资本主义经济的发展和西班牙封建专制的压迫而引起的，它是人类历史上第一次成功的资产阶级革命。

同规模的企业在资本实力上的差距并不大，因此，企业之间保持着自由的竞争关系；第三，银行资本的积聚和集中虽然已经稍具规模，但力量仍然很薄弱，不能对社会经济生活产生足够的影响力和支配力，银行在这一时期只是扮演着借贷双方信用中介的角色；第四，资本主义社会经济运行过程中，真正起到调节作用的是市场价格这只"无形之手"，资产阶级国家政府甘当"守夜人"，坚持"管的最少的政府是最好的政府"的原则，形成了一种社会生产的无政府状态。然而，资本主义自由竞争时期的这些特征，也决定了自由资本主义具有很大的历史局限性，这种局限性集中表现为19世纪20年代后持续爆发的周期性经济危机。经济危机是资本主义经济发展过程中周期爆发的生产相对过剩的危机，是资本主义单个企业生产的有组织性同整个生产的无政府状态之间的矛盾运动、资本主义生产能力的巨大增长同劳动群众有支付能力的需求相对缩小之间的矛盾，即生产与市场需求之间的矛盾或生产与消费之间的矛盾运动的必然结果。起初仅在个别国家爆发的经济危机很快扩大到全世界的范围，主要资本主义国家都深受其害，社会生产力遭到严重破坏，社会经济完全陷入极度混乱与动荡的危机漩涡之中，难以自拔。危机之后进入经济大萧条时期，到处可见失业、破产、绝望和恐惧，社会生产力不断下降，社会购买力持续下滑，社会经济陷入停滞状态。萧条时期会逐渐过渡到恢复时期，在这一时期里，市场萧条的状况有所好转，社会生产也有所回升，社会经济渐渐摆脱发展的停滞状态。相对前一时期，由于该时期的市场不断活跃与扩大，市场价格逐渐恢复与回升，使资本家们看到了期待已久的利润，而不断扩大的利润空间更刺激着他们增资扩营，从而促进社会生产规模不断扩大，使资本主义经济恢复速度不断加快，并逐渐使社会经济恢复甚至超出昔日的繁荣景象。然而，这种资本主义社会经济的繁荣局面只是也必然是昙花一现，当社会生产空前发展到经济危机前的最高点时，也就意味着下一场经济危机即将到来。当资本主义社会生产规模不断扩大而使资本主义经济社会的各种矛盾再次激化无法调和之时，新一轮的经济危机必将再次爆发。资本主义经济危机周期爆发的根本原因就在于其无法彻底消除经济危机产生的根源。而世界性经济危机的周期性爆发，标志着资本主义自由竞争阶段向垄断阶段过渡的开始。

自由竞争促进了资本主义社会生产力的提高，使企业的规模不断扩大，少数大企业凭借自身在资本和技术上的雄厚实力，逐渐排挤乃至兼并中小企业，从而加快了生产和资本向大资本家手里集中的步伐，在这个阶段中，垄断组织还处于萌芽时期。在 19 世纪的后 30 年里，资本主义世界频繁爆发经济危机，而且危机出现的周期变短，由原来平均 10 年左右的时间间隔，缩短为平均 7 年左右，这又使大量中小企业相继破产，大企业的实力变得更加雄厚，生产和资本进一步集中，垄断组织得到了广泛的发展，这就为资本主义向垄断阶段过渡奠定了物质基础。而到了 20 世纪初，"集中发展到一定阶段，可以说就自然而然地走到垄断"。世界主要资本主义国家相继进入到垄断资本主义阶段，垄断取代了自由竞争，渗透到社会经济生活的各个方面，确立起统治地位。

不同于自由竞争时期，垄断时期出现了新的经济特征。列宁对社会经济生活的新变化以及由此产生的新问题进行了系统、深入的研究，对资本主义垄断阶段进行了深刻的剖析，并科学地总结和阐明了资本主义垄断阶段经济的基本特征和实质，最终在《帝国主义论》一书中，全面系统地揭示出帝国主义的本质及发展规律。

第二节　资本主义社会阶级矛盾的激化

垄断资本主义的出现，加剧了资本主义国家的社会矛盾即无产阶级与资产阶级之间的矛盾，也推动了无产阶级的社会主义革命的发展。可以说，列宁的《帝国主义论》是无产阶级反对垄断资产阶级斗争的产物。

自资本主义制度确立时起，资本主义社会便逐渐分裂成两个相互对立的阶级，即无产阶级和资产阶级。两个阶级之间的矛盾和冲突由来已久，随着自由资本主义的发展，这种阶级矛盾也处于不断发展的过程之中，无产阶级同资产阶级的对立，从起初无组织的状态逐渐发展成为有组织的斗争。随着阶级斗争的发展，无产阶级不断壮大成为一支独立的政治力量登上历史舞台。在这期间，马克思主义诞生了，马克思主义的思想指导着无产阶级同资产阶级进行斗争。马克思曾经这样说过：无产阶级是"先进生产力的代表，是最先进、最有前途的阶级"，"能够把一切被压迫、被剥削的劳动人民团结在自己的周围"，"在革命斗争中，比任何别的阶级都要坚决和彻底"，"只有无产阶级能够担负起资产阶级掘墓人的历史任务"。随着垄断的发展，资本主义国家内部垄断组织对无产阶级的压迫和统治不断加深，无产阶级与资产阶级之间的矛盾日益激化，无产阶级的革命斗争进入了一个新的历史阶段。在这种阶级斗争发展的新形势之下，必须运用马克思主义的革命观阐明新的时代特征，在思想上武装好工人群众，从而为即将到来的无产阶级革命运动作好充分的理论上的准备。

20世纪初，随着世界主要资本主义国家进入垄断资本阶段，标志着世界资本主义已经进入帝国主义时代。在资本主义国家内部固有的社会矛盾，特别是无产阶级与资产阶级之间的矛盾空前激化的同时，世界上最大的几个资本主义国家已经将世界瓜分完毕，宗主国与殖民地之间的矛盾，各资本主义国家之间的矛盾也进入了白热化的阶段。利益驱使帝国主义国家想要重新瓜分世界，于是，一场酝酿已久的世界性战争终于在1914年9月间爆发了，史称"第一次世界大战"。帝国主义国家之间爆发的这场战争，更加使全世界劳动人民处于水深火热之中，使原本就日益高涨的无产阶级反对资产阶级的斗争形势进入了一个崭新的阶段。在这样的时代背景条件之下，帝国主义战争爆发的原因是什么？这场战争的性质是什么？战争对世界无产阶级革命事业有什么重大影响？无产阶级能不能发动社会主义革命、怎样进行社会主义革命、能否变世界性战争为国内的战争或者一国的战争而使社会主义革命首先在一个或者几个国家取得胜利等重大问题，迫切要求马克思主义者作出明确的回答。在这个战争给世界经济造成严重破坏，无产阶级发动世界革命的时机逐渐成熟的历史时期，列宁先后在瑞士的苏黎世和伯尔尼的图书馆里，查阅了大量的图书资料，仔细研究了大量的世界主要资本主义国家的实际材料和理论成果，为《帝国主义论》这部马克思主义的有关帝国主义的科学理论最终形成奠定了坚实的基础。

第三节 同修正主义作斗争

1895 年，全世界无产阶级和劳动人民的伟大导师、马克思主义的创始人之———恩格斯逝世之后，修正主义开始泛滥，他们打着马克思主义的旗号，肆意篡改马克思主义的基本原理，美化资本主义，反对暴力革命，天真地幻想资本主义可以和平过渡到社会主义。德国社会民主党的爱德华·伯恩施坦系统地提出了资本主义和平长入社会主义的修正主义路线。他认为在新的历史条件下，马克思主义的暴力革命理论已经不成立，工人阶级的任务就是"力图通过民主改良和经济改良的手段来实现社会的社会主义改造"。其中，民主改良的主要内容是，在资本主义的政治框架内，通过普选制和议会制，利用多数选票和席位，利用地方自治机构，通过社会主义立法改良资本主义。伯恩施坦认为，区别于革命的道路的自发性和消极性，这种"立法的或者改良的道路"是"有计划的""积极的社会政策"。经济改良的主要内容是，以工人消费合作社为原动力，以资本主义的"公营企业"为基地，以工会作为保证机关，通过一种妥协的渐进的方式实现社会主义。伯恩斯坦自我标榜这也是一种具有人道精神的政治运动。

曾经是德国社会民主党和第二国际的卓越领导人之一、著名的马克思主义理论权威卡尔·考茨基也沦落为修正主义者。他认为，帝国主义是高度发展的工业资本主义的产物。具体来说，帝国主义是工业地区和农业地区的矛盾的产物，对帝国主义说来，有决定意义的是工业地区与农业地区之间的矛盾。"帝国主义就是每个工业资本主义民族力图征服和吞并愈来愈多的农业区域，而不管那里居住的是什么民族"。考茨基从他的定义出发，把帝国主义归结为一种政策，他认为，工业地区要取得自己所需要的粮食和原料，可以有许多不同的方法和途径，帝国主义只是其中一种。他提出，帝国主义的武力政策，对于资本主义经济发展来说远远不是必不可缺的，甚至今天在资本主义的各种扩张方法当中，也是最费钱和最危险的，但决不是最有效的一种；除了它以外，可以采取经济意义大得多的其他方法。由此出发，他也批评帝国主义，批评扩张政策，要求用"和平的"自由贸易、促进农业地区的农业生产的发展，来代替"不好的"帝国主义政策。考茨基在作具体分析时，还把帝国主义看作是自由贸易政策的反动、大国竞争的结果。

考茨基从其帝国主义概念出发，论述了"超帝国主义"的理论。他认为，从纯粹经济的观点看来，资本主义不是不可能再经历一个新的阶段，也就是把卡特尔政策应用到对外政策上的超帝国主义阶段。卡特尔本是垄断的一种形式，即生产同类商品的资本主义企业为了获取高额利润、避免互相竞争而订立协定，以划分销售市场、确定商品产量、规定商品售价的组织。在这里，考茨基把卡特尔政策应用到对外政策上，也就是要各国的垄断资本联合起来，共同地控制世界，一起剥削劳动人民。所以，即将到来的"超帝国主义"阶段，将是一个全世界的帝国主义国家彼此联合、消灭了战争的新时期，将是一个实行了国际联合的金融资本共同剥削世界的新时期。这是一个具有更大的生命力的时期。无产阶级的任务，就是等待世界性的国家联盟新时代的到来，无产阶级就能夺取政权。他期待帝国主义世界大战使人们接受战争的惨痛教训，愿意以联合代替战争，从而使超帝国主义的嫩芽茁壮起来，在资本主义范围内造成新希望和新期待的纪元。

此时的考茨基对不断改良中的资本主义民主制度充满幻想，提出了"纯粹民主"论。考茨基认为，在资本主义制度内，在充分民主的普选制度下，一切阶级和利益都按其力量大小在立法议会中有其代表，任何阶级和政党都能对一切法案进行最自由的批评。所以，无产阶级的任务不是用暴力推翻宪法，而是把宪法所赋予的权力最充分地运用。也就是说，当无产阶级占居民的大多数时，它就可以利用现有的民主和自由夺取政权。他引证马克思曾经设想英国和美国无产阶级用和平的方法夺取政权的可能性。同时，民主与社会主义不可分，没有民主就没有社会主义。专政就是"独裁""专制"，就是取消民主。无产阶级专政只能被理解为在民主基础上的无产阶级统治。如果把它理解为政体，试图通过官僚制度或人民中的某一阶层的专政组织生产，那就不是社会主义。

基于上述认识，考茨基提出了德国社会民主党的斗争战略，即对资产阶级采取"疲劳战略"。在德国社会民主党内开展的群众性政治罢工问题的争论中，考茨基认为，无产阶级斗争的环境已经发生变化，在巴黎公社之前，无产阶级反对资产阶级是采取击破战略，现在的情况已经发生变化，无产阶级夺取政权的斗争形式也已经发生变化，党的任务主要是通过合法的形式去破坏统治的阵地，使敌人"疲劳"。只有社会民主党在选举中获胜后，如果反动阶级慑于无产阶级的胜利而侵犯普选权时，无产阶级才能被迫采取政治总罢工的形式去实现"击破战略"。

修正主义是对马克思主义的根本背叛，这一背叛最好的事实证明就是一战爆发后，考茨基及其追随者们打出"保卫祖国"的旗号，奉行的狭隘民族主义路线，公然投票赞成军事预算，支持帝国主义战争，拒绝宣传和支持本国无产阶级革命，从而彻底背叛了马克思主义而沦为帝国主义的帮凶。为了捍卫和坚持马克思主义、反对机会主义，引导无产阶级革命重新回到正确的道路上来，列宁对修正主义进行了坚持不懈的斗争，尤其深刻地批判"考茨基主义"的一系列谬论，揭露了修正主义思想麻痹无产阶级革命意志、破坏无产阶级革命的实质和影响，可以说，《帝国主义论》是在同修正主义作斗争的过程中形成的。

此外，对于帝国主义的研究，无论是在列宁之前还是与他同一时期，都不乏其人。英国的经济学家霍布森、德国的经济学家希法亭、法国和国际工人运动的著名活动家保尔·拉法格等，都是较早研究帝国主义经济与政治的思想家，他们对于帝国主义的认识和理解或多或少地存在一定的局限与缺陷，列宁科学地、创造性地运用马克思和恩格斯关于资本主义的理论观点和研究方法，批判性地分析和借鉴了他们的理论成果，深入研究了帝国主义的产生及其发展规律，为最终创造马克思主义的帝国主义科学理论提供了重要依据。

第四节 《帝国主义论》的直接理论来源

立足马克思主义的基本原理，从资本主义的现实出发，着眼于无产阶级革命的可行性，去批判地分析现实资本主义，发现其基本矛盾的现实表现方式，是列宁基本的思维方式。在列宁研究有关帝国主义问题的过程中，他十分注重相关理论资源和实际材料的搜集，阅读了大量的相关著作和文献，前文提到的霍布森、法拉格、希法亭等人的著作，以及资本主义国家自己所作的相关统计资料、研究报告等都在他的阅读范围之内，为《帝国主义是资本主义的最高阶段》一书的写作提供了有力的支持。

拉法格在他的《美国托拉斯及其经济、社会和政治意义》一书就对列宁的帝国主义理论的形成具有重要影响。该著作中最早提出了"金融资本"概念，指出"托拉斯"制度的产生和"托拉斯"体系的形成标志着资本主义发展到了一个新的阶段，并着重分析了美国资本主义的基本体征。列宁对他所总结的垄断资本的出现和金融资本的统治等有关帝国主义的某些经济特征，作出肯定的评价之后，指出其对帝国主义的本质及其历史地位未能作出深刻的分析。

较早研究帝国主义问题的霍布森，曾经在其著作中指出帝国主义形成的根本原因在于经济而不是政治或军事，主要帝国主义国家之间的相互竞争及其商业利益被金融或投资利益所左右，帝国主义就是一个国家为了实现自身利益和目的而对其他国家进行的控制。列宁是赞同他的这些观点的。然而，霍布森虽然反对帝国主义，但是又主张以非暴力革命的社会改良方式来化解矛盾，通过统一的"国际帝国主义"形成来实现永久的和平，其思想对英国制定"福利国家"政策产生了重要的影响。

希法亭以德国帝国主义现实素材为依据进行"资本主义最新阶段"的研究，1905 年到 1910 年，他完成并出版《金融资本，对资本主义最新发展的研究》一书。在该书中，他从分析货币、信用入手说明了随着信用的发展所造成的银行作用的增强和银行资本与产业资本联系日益紧密。说明了在信用广泛发展基础上发展起来的股份公司，特别是由于银行代股份公司发行股票业务的发展和银行对"创业利润"的追求，进一步造成了银行资本与产业资本的融合。他还说明了与上述变化的同时，产业资本本身也在发生变化。这种变化是由于利润率下降和利润平均化的困难所造成的。他指出，随着资本主义的发展和科学技术的进步，资本的有机构成在不断提高。这样一方面造成了利润率的下降，而且这种下降一般是不平衡的，在探矿、钢铁等原材料工业和交通、动力等基础设施部门的利润率下降一般较快。另外有机构成的提高还造成了资本转移的困难，从而妨碍了利润的平均化。希法亭指出，这种状况就促使利润率下降最快的那些部门的资本家去寻求提高利润的办法。建立联合企业便是解决这一问题最便捷最有效的办法。联合又可以分为纵向联合与横向联合两种。前者为相邻生产部门之间的联合。这种联合虽然并不改变原有的价格水平和利润率，但它却可以使联合后的企业都获得平均利润。而且由于这种联合可以减少流通中间环节，节省流通费用，因而也能使利润率提高。后一种联合则可以通过联合防止价格下降，甚至可以人为地提高价格和提高利润率。当然企业的联合并不一定意味着垄断的建立，但联合发展到一定程度，当它控制了商品的生产和销售时，垄断也就形成了。在垄断产业资本形成的基础上，银行资本也在集中，并最终完全同产业资本融合在一起，形成了金融资本。希法亭说："产业资本的一个日益增长的部分不再属于使用它的产业资本家。产业资本家只有通过同他们相对立的代表所有者的银行才能获得对资本的支配权。另一方面，银行不得不把它们资本的一个不断增大的部分固定在产业资本中。因此，银行在越来越大的程度上变为产业资本家。我们把银行资本，即通过这种途径实际上转化为产业资本的货币形式的资本称为金融资本。"希法亭指出，金融资本的形成及它取代产业资本在资本主义经济体系中的中心地位，使资本主义进入了一个与从前不同的新的发展阶段。金融资本完全控制了资产阶级政府，形成了金融寡头与资产阶级政府首脑的个人联合，把资产阶级的国家政权完全变成了金融寡头对外扩张，对内实行专制的工具。最后的结论是，垄断组织的发展的最后结果是，将产生一个总卡特尔，整个资本主义经济将由一个主管机构有意识地加以调整，从而结束资本主义生产的无政府状态。列宁在《帝国主义论》中曾多次引用该书中的相关内容，肯定了他对于"资本主义发展的最新阶段"理论分析的价值。列宁在研读了他们的相关著作之后，充分利用了这些著作中所提供的大量的实际素材，同时，也对其理论上的缺陷进行了批判。

除了大量研读他人著作，列宁还借助图书馆搜集相关资料，寻找有利于写作的相关素材。由于第一次世界大战的爆发，无产阶级革命新形势的需要，他开始集中力量潜心研究有关帝国主义的问题。从1916年1月写作开始，便在伯尔尼、苏黎世及其他一些城市的图书馆里借阅书籍。有关列宁写作过程中所涉及的著作及其他文献内容记录在他的写作笔记中，后来经过整理，于1939年以《关于帝国主义的笔记》为题首次在苏联发表，并载于《列宁全集》之中。根据这篇《笔记》的相关记载，列宁先后阅读了148本书籍，其中包括106本德文书籍、23本法文书籍、17本英文书籍和2本俄文译著；作了大约 50 个印张、长达 1000 多页的摘录、提要和笔记，分别来自 232 篇文章，其中 206 篇德文文章、13 篇法文文章、13 篇英文文章，这些文章分别载于 49 种不同的期刊，其中包括 34 种德文期刊、7 种法文期刊、8 种英文期刊。这些资料所涉及的内容也极其广泛，包括世界各国的经济、政治、外交、技术、历史、地理，以及无产阶级革命运动和殖民地的民族解放运动等等，还包括马克思和恩格斯的许多经典著作、文章和信件，以及资本主义国家的统计资料和资产阶级学者的自白。列宁在收集实证素材上付出了艰辛的劳动，正是从如此浩瀚的材料中，寻找并发现了资本主义最新发展阶段的经济特征及其发展规律。

第五节　《帝国主义论》的写作与出版过程

《帝国主义是资本主义的最高阶段（通俗的论述）》一书是列宁于 1916 年 1—6 月间写作完成的，当时正值第一次世界大战期间。在这本书创作完成之前，列宁就注意到了资本主义发展过程中出现的新现象，并逐渐开始对帝国主义问题进行研究，这体现在他的许多著作当中。比如，1895—1896 年间，列宁在彼得堡监狱中撰写完成的《社会民主党纲领草案及其说明》、1900 年关于中国问题的政论《对华战争》、1901 年在《火星报》上发表的《危机的教训》、在《曙光》杂志上发表的《内政评论》、1908 年为纪念马克思逝世 25 周年而作的《马克思主义和修正主义》、1912 年的《俄国的生产集中》《关于工人代表的某些发言问题》、1913 年的《资本主义财富的增长》《落后的欧洲和先进的亚洲》《马克思学说的历史命运》，等等。这些都是列宁有关帝国主义研究的早期成果，为《帝国主义是资本主义的最高阶段》的形成奠定了扎实的理论基础。而列宁真正开始写作这本书是源于当时一套通俗丛书的出版。1915 年，成立于彼得格勒的孤帆出版社在高尔基的倡导下，计划出版一套名为《战前和战时的欧洲》的通俗读物，并委托当时身处法国巴黎的俄罗斯（苏联）历史学家米·尼·波克罗夫斯基作为这套丛书的编辑。波克罗夫斯基邀请列宁为丛书撰写一篇内容为"帝国主义的一种"的导言性质的文章，列宁在接受了他的邀请之后便开始了著名的《帝国主义是资本主义的最高阶段》的起草工作。

在写作阶段，由于战争时期苏黎世的物价高得要命，列宁的生活极为困难，基本上只能靠自己写书得来的稿费维持着最低的生活水平，有时甚至连温饱也达不到，他的饮食条件和居住环境几乎相当于当时苏黎世社会的"最底层"。再加上这一阶段列宁的身体状况不是很好，给写作也带来了很大的困难。但是，列宁没有被生活的窘困和身体的病痛压倒，毅然坚持了下来，终于在 1916 年 6 月提前完成了《帝国主义是资本主义的最高阶段》的共计 5 个印张、200 页的手稿。他将这一消息写信告知波克罗夫斯基。在波克罗夫斯基的回信中，转达了出版社提出的缩减文章篇幅至 3 个印张的建议，但这一建议没有被列宁接受。他认为，如此大量地缩减内容，"既浪费了时间，又损害了作品；既失去了完整性，又失去了其他许多东西。"因此，坚持按照原来约稿时定下的文章篇幅，即以 5 个印张的篇幅发表。另外，列宁在信中，还就书名和署名的问题与波克罗夫斯基进行了探讨。他建议书名定为《现代资本主义的基本特点》，后来又建议改为《现代资本主义的最新经济资料》或者其他类似的书名。至于这本书的署名问题，列宁建议出版社如果认为使用"弗·伊林"这个他常用的笔名不是很方便的话，可以使用他另外的笔名"尼·列尼夫岑"或者"弗·伊·伊万诺夫斯基"。据不完全统计，列宁一生中在不同场合曾经使用过的笔名多达60余个，而在这本书正式出版之后，他建议的笔名都没有被使用，序言中的署名仍然是"尼·列宁"。

1916年7月2日，列宁用挂号邮件的方式将已完成的手稿寄给身处法国的波克罗夫斯基，法国的书刊检查部门对这份稿件进行了很长时间的审查。手稿寄出后近3个星期波克罗夫斯基仍然没有收到手稿，双方都认为手稿已经丢失，列宁还为此致信波克罗夫斯基以表达手稿丢失的遗憾。而波克罗夫斯基收到手稿并将其交给孤帆出版社已是大约3个星期之后。当时正在孤帆出版社工作的高尔基看完手稿，认为列宁写得"的确很出色"，并在给波克罗夫斯基的信中说明了自己的这一看法，并建议编辑部不要将其纳入丛书之中而单独出版。然而，列宁在书中关于第二国际修正主义的批判，尤其是对考茨基机会主义批判的部分，并不能得到出版社、甚至高尔基的理解和接受。在编辑部内部的孟什维克分子对列宁的手稿作了许多修改，比如，删去了对尤里·奥西波维奇·马尔托夫和卡尔·考茨基的尖锐批判；把列宁原文表述的"资本主义发展成为帝国主义"一句改为"资本主义变成帝国主义"；"'超帝国主义'论的反动性"改为"'超帝国主义'论的落后性"，等等。当列宁得知这一消息，虽然表示了气愤和不满，但是也只能无奈地接受事实，只能寻找

"另外的地方跟考茨基算账"。1916 年 11 月，出版社在《经济社会史年鉴》杂志上以《最新资本主义》为书名刊登了列宁这本书的出版预告。

列宁更多的无奈的地方在于，当时的俄国正处于沙皇的反动统治之下，像他这样的革命者的著作，要在沙皇俄国治下的彼得格勒的出版社公开发表，就必须通过沙皇政府极其严苛的书刊检查。为了应付这种检查，列宁在写作过程中，对经济、政治等关键问题进行分析或者发表相应意见时，不得不极其谨慎地采用纯理论性的、暗示性的、"伊索寓言式"的语言①。而马克思和恩格斯对马克思主义思想的传播者们提出的要求是，文字作品所使用的语言应当尽量通俗，使更多的、即便不具备专门知识的人也能轻松地读懂。通俗易懂是马克思主义经典作家们写作上的一项基本要求，目的在于使作品所表达的思想观念能够被更广大的人民群众了解和掌握，以充分发挥理论改造世界的巨大精神力量。而这种通俗易懂在列宁这部著作即将问世的那个时期显然是无法做到的。

1917 年 3 月，俄国爆发了"二月革命"，迫使沙皇尼古拉二世逊位，自此，俄罗斯历史上的第二个、也是最后一个王朝——罗曼诺夫王朝结束了它长达 300 多年的统治，俄国成立了以社会革命党和立宪民主党为主的各党派联盟的临时政府。与此同时，彼得格勒也成立一个苏维埃。同年 4 月 3 日，列宁结束了长期的海外流亡生活，经过斯堪的纳维亚顺利回到俄国，并于 4 月 26 日为即将由孤

---

① 《伊索寓言》是古希腊、古罗马时代流传的讽喻故事，其内容多为讽刺权贵的题材，深受古希腊人民的喜爱。伊索寓言式的语言是指用借喻、暗示和隐语等寓意方式来间接表达作者思想的一种创作方式。

帆出版社刊印的《帝国主义是资本主义的最新阶段》撰写了一篇俄文序言。当然，此次刊印的版本，依旧是对列宁原作进行过大量删减和修改的版本。后来，在1920年7月列宁又专门为该书的法文版和德文版撰写了序言，对该书的内容作了一些重要的概括和补充。这篇序言先以《帝国主义和资本主义》为题刊载于1921年10月《共产国际》杂志第18期。而该书的德文版于1921年出版，法文版于1923年出版。直到1935年，完全按照列宁手稿原文，第一次以《帝国主义是资本主义的最高阶段（通俗的论述）》为书名刊载于《列宁全集》（俄文）的第2、3版第19卷。

列宁这部著作对我国也有着广泛而深刻的影响。早在1925年2月就出版过中文译本，书名为《帝国主义浅说》。1929年，上海启知书店还出版过由刘野平翻译的中文译本。党的七届二中全会召开后，中央号召全党开展理论学习，经毛泽东批示，由解放社出版《干部必读》12种，其中就包括列宁的这部著作。自1949年7月开始，解放社（1950年后改为人民出版社）分别按照莫斯科外国文书籍出版局1947年、1949年出版的中文版本，先后5次翻印并由新华书店全国发行。中共中央编译局、马恩列斯（马克思、恩格斯、列宁、斯大林）著作编译部对于《列宁全集》（俄文第四版）的翻译和编辑工作于1959年全部完成，至此，列宁《帝国主义是资本主义的最高阶段（通俗的论述）》一书的中文译本被收进《列宁全集》中文第1版第22卷中，现收录在修订后的《列宁全集》中文第2版第27卷。

第六节 《帝国主义论》的体系与结构

列宁的《帝国主义论》原著共由两大部分构成，即序言和正文。序言部分包括1917年的俄文版序言以及1920年的法文版和德文版序言，这部分的内容主要是本书的创作目的、内容体系、篇章结构的说明。

1917年俄文版序言是列宁在俄国二月革命胜利回到彼得格勒后，为这本书的初次出版所作的，主要说明了两个问题：

第一，说明了写作的目的。列宁指出："我希望我这本小册子能有助于理解帝国主义的经济实质这个基本经济问题，不研究这个问题，就根本不会懂得如何去认识现在的战争和现在的政治。"

第二，作出了两点解释。这篇序言中提到，由于沙皇政府的书报检查，在行文用语上不得不采用"伊索寓言式"的语言来作表述；提示对社会沙文主义、尤其是考茨基主义感兴趣的读者们，去读他的"1914—1917年间在国外写的论文"，因为初版著作中的相关内容，已经被出版社作出删改。

1920年法文版和德文版序言是列宁在俄国十月革命取得胜利之后，专为该书的法文版和德文版所作的。这篇序言重申了该书的主要任务，同时，还对正文内容作了一些必要的补充，共分为5个小节。

第一节进一步重申了该书的任务是"根据无可争辩的资产阶级统治的综合材料和各国资产阶级学者的自白，来说明20世纪初期，即第一次世界帝国主义大战前夜，全世界资本主义经济在其国际相互关系上的总的情况"。同时，指出要"对这本经过检查的书作一些最必要的补充"。

第二节阐明了垄断统治和帝国主义战争之间的相互关系，揭示了帝国主义战争的性质及其深刻的经济根源，进而得出"帝国主义战争是绝对不可避免的"这一重要结论。

第三节主要讲述了帝国主义战争与无产阶级革命的关系，指出帝国主义战争必将引起世界革命，"最后必将以无产阶级革命和这一革命的胜利告终"。

第四节主要强调了揭露和批判"考茨基主义"这一国际修正主义思潮的重大意义，强调无产阶级政党必须同这种思潮作斗争是无产阶级革命发展的需要，必须"把受资产阶级愚弄的小业主和程度不同地处在小资产阶级生活条件下的千百万劳动者从资产阶级那里争夺过来"。

第五节指出机会主义思想的经济基础就是资本主义发展到最高阶段所特有的寄生性和腐朽性，机会主义与帝国主义之间有着不可分割的必然联系，因此，反帝必须反修，而且必须彻底。最后，作为全书的总体结论，列宁作出了"帝国主义是无产阶级社会革命的前夜"这一极其重要的政治论断。

上述序言部分所涉及的内容，基本上反映了列宁这部著作的基本思想。接下来的正文部分，以10章的结构设计分别将这些内容一一作出具体阐述。

《帝国主义论》一书的正文部分共分10章，第一章至第六章，分别论述了帝国主义的5个基本经济特征。其中，第一章分析了帝国主义的第一个经济特征，即生产集中必然导致垄断；第二、三章分析了帝国主义的第二个经济特征，即银行资本与金融资本的垄断；第四章分析了帝国主义的第三个经济特征，即帝国主义最典型的输出方式是资本输出；第五章分析了帝国主义的第四个经济特征，即资本家国际垄断同盟对世界的瓜分；第六章分析了帝国主义的第五个经济特征，即最大的几个资本主义国家已经把世界领土瓜分完毕以及要求进行重新瓜分。第一章至第三章所分析的两个基本特征表现了垄断资本如何在国内建立统治，而第四章至第六章所分析的3个基本特征则说明了垄断资本如何在国际上建立统治。列宁用一句话进行了概括："帝国主义最深厚的经济基础就是垄断。"

在对帝国主义五大基本经济特征进行分析的基础上，列宁在第七章中对前6章的内容作出总结，并给帝国主义下了3个科学的定义。第一个定义："帝国主义是资本主义的垄断阶段。"第二个定义：帝国主义就是具备了五大经济特征的资本主义。第三个定义：帝国主义"是资本主义发展中的一个特殊阶段"。在论证这3个定义的同时，展开了对考茨基关于帝国主义的"定义"以及他的"超帝国主义"论的批判，而对于后者，专门在后文的第九章中加以详细论述。

第八章论证了帝国主义的寄生性和腐朽性，揭示出它是国际工人运动产生分裂和机会主义蔓延的经济根源。

第九章是列宁对帝国主义的批评。分析了资本主义社会各阶层对帝国主义政策的基本态度，批判了资产阶级和小资产阶级的错误观点，特别着重地揭露和批判了考茨基的"超帝国主义"论，进一步揭示帝国主义的本质和矛盾。

第十章作为全书的总结，论述了帝国主义的历史地位，阐明"帝国主义是过渡的资本主义，或者更确切些说，是垂死的资本主义"，是无产阶级社会主义革命的前夜。

第二章　帝国主义的基本特征

在 19 世纪末 20 世纪初，"帝国主义"已经是一个非常普及的概念，但含义十分混乱，人们都是基于各自的立场和理解来使用这一概念，并且对于帝国主义有着种种不同的认识和评价，社会上存在着种种帝国主义理论。列宁认为，此时，必须站在马克思主义立场，对于帝国主义概念有着完整清晰的理解。同时，列宁也指出，单靠抽象的定义不足以达到对于帝国主义本质的具体丰富的认识，还需要对于帝国主义的基本特征有着完整深刻的把握，对帝国主义基本特征的理论分析成为《帝国主义论》的精髓。

第一节　生产集中和垄断

帝国主义第一个基本特征是："生产和资本的集中发展到这样高的程度，以致造成了在经济生活中起决定作用的垄断组织。"这是说，生产集中必然产生垄断。垄断是列宁总结的帝国主义的第一个也是最根本的经济特征，其他特征都是以它为前提而产生的。这一特征揭示出了帝国主义的实质，列宁在《帝国主义论》第一章论证这一重要特征的过程中，先后阐述了生产集中必然导致垄断的客观规律；垄断组织在发展过程中对社会经济的影响及其所处的地位；竞争和垄断之间的关系。并且，批判了所谓通过"卡特尔"这种垄断组织形式来消除矛盾、化解危机的错误论调，指出垄断不但不能消除矛盾，反而使资本主义的所有矛盾变得更加尖锐起来。

生产集中是垄断形成的原因。列宁运用了大量的实际材料说明垄断形成的过程及其规律。为了说明垄断形成的过程，列宁首先分析了资本主义生产集中这一问题。列宁引用马克思的经济学说时写道："马克思对资本主义作了理论上和历史上的分析，证明自由竞争引起生产集中，而生产集中发展到一定阶段，就会引起垄断"。他指出，"资本主义最典型的特点之一，就是工业蓬勃发展，生产集中于愈来愈大的企业的过程进行得非常迅速。"生产集中是自由竞争的必然产物。我们知道，资本家为了能够在市场竞争中获得有利条件，以获取更多利润，需要不断提高劳动生产率，将劳动力的剩余价值发挥到最大限度，在降低商品成本的同时不断进行资本积累，扩大生产的规模。对每一个资本家来说，这就是他们要做的事。大企业在自由竞争上占据了明显的优势地位，它们由于生产规模较大，资本雄厚，在采用新型机器制造和推广上更加广泛，在新技术的使用上更加快速，在硬件设备和技术进一步提高的基础上，其生产更加专业化，分工更加细致、明确，劳动生产率得到大幅提高，商品成本也大大降低，在同行业的竞争中，这些大企业占据了生产和销售的绝对优势。另外，它们还在商品流通、运输和资金运转方面体现出巨大优势，由于企业规模大，银行更愿意贷款支持这样的企业进一步扩大其规模，以保障银行借贷的利润增长，这就使大企业在市场流通领域中的竞争力也进一步提高。基于以上因素，大企业在竞争中逐渐击败小企业，迫使小企业相继破产或通过吞并小企业，使得大企业所掌握的资本便越聚越多，生产规模也越来越大；原本被分散掌握在所有企业里的生产资料、劳动力和产品，在经过激烈的市场竞争之后，逐步集中到了少数大企业的手中。生产集中成为自由竞争发展到顶点的必然结果。

工业生产技术的发展在生产集中的过程中起到推波助澜的作用。在19世纪末以前，轻工业在资本主义工业生产中占据主要地位。到了19世纪60—70年代，以自由竞争为主要特征的资本主义时期发展至顶点，世界各主要的资本主义国家的工业生产都发生了结构与技术变革。尤其在19世纪后30年里，内燃机、电动机等新型动力机械的广泛应用，新的冶炼技术和生产加工方法的普遍采用，使重工业部门迅速发展起来，开始占据主导地位。而新技术的采用和重工业的发展，都加强了大企业在社会经济生活中的作用，只有大企业具备足够经济实力进行大量的投资来采用新技术、建立重工业企业；而大企业由于采用了新技术，更多地掌握了主要生产资料的生产，又大大增强了自身的竞争实力。在这样的相互作用下，生产集中被工业生产技术的发展推动着快速前进。到了20世纪初，在实力最强的几个资本主义国家里，生产集中都已经达到了相当高的程度，为垄断的形成创造了条件。列宁为了论证生产集中必然引起垄断，列举了德国、英国、美国等最发达的资本主义国家的大量的工业发展现实资料来说明这一问题。

在德国，每1000个工业企业中，雇用工人数量达到50人以上的大企业，1882年时有3个，1895年时有6个，1907年时有9个。每100个工人中，这些大企业的工人数量在上述3个年份中分别占

22 人、30 人、37 人。但是生产集中的程度要比工人集中的程度大得多，因为在大企业中劳动的生产率要高得多。在 3 265 623 个企业中，大企业有 30 588 个，仅占企业总数的 0.9%。在 1440 万工人中，大企业的工人有 570 万，占工人总数的 39.4%；在 880 万蒸汽马力中，大企业占有 660 万马力，占马力总数的 75.3%；在 150 万千瓦电力中，大企业占有 120 万千瓦，占电力总数的 77.2%。由此可见，占企业总数不到 1% 的大企业，竟然占有总数 3/4 以上的蒸汽力和电力；而占企业总数 91% 的 297 万个小企业，却仅仅占有 7% 的蒸汽力和电力。到了 1907 年，几万个最大的企业几乎构成了德国全部工业实力，而几百万个小型和微型企业在工业生产中的力量微乎其微。几乎所有的生产材料、能源和产品都被不到 1% 的大型企业所垄断了。

在英国，尽管一向推崇自由贸易，但是由于生产集中同样导致垄断。虽然在时间上稍稍晚于别国，在形式上也与别国稍有不同，但企业规模"滚雪球"式的扩大和技术水平日新月异的发展也促进了垄断的形成。在自由竞争时期，不断会有新的企业作为新鲜血液注入到社会经济生活中，共同参与竞争，分享经济成果。但是由于生产集中，新企业要想加入竞争行列必须具备更高的资本额才能应付不断扩大的生产规模给它们带来的巨大压力，这便使很多想加入者知难而退，因此，新企业便很难出现；即使出现了新企业，他们要想同那些"老牌"的大企业并驾齐驱，不得不去生产过量的产品，如果这些产品不能被顺利地以有利的价格销售出去而积压下来，就会使产品的价格下跌到新企业无法承受的地步，最终只能破产为对手所淘汰。当同一行业中能够盈利的企业数量很少的时候，大型的垄断性企业或者企业联盟就会出现了。

在美国，生产集中发展得更加迅猛。1904 年，美国企业产值在 100 万美元以上的大企业有 1900 个，占企业总数的 0.9%；这些企业拥有 140 万工人，占工人总数的 25.6%；这些企业的产值为 56 亿美元，占企业总产值的 38%。5 年之后，美国所有企业的全部产值，有近半数掌握在仅占企业总数 1% 的大企业手里，而这 3000 个大企业广泛分布于 258 个工业部门当中，平均来看，每个工业部门中只有 10 几个规模最大的企业。

形成垄断的客观规律。通过分析以上 3 个国家工业发展的资料，列宁得出一个重要结论："集中发展到一定阶段，可以说就自然而然地走到垄断。"资本家们在追逐剩余价值的过程中，在巨大的经济利益与不断膨胀的获利欲望的驱动之下，不可避免地展开激烈的竞争。为了在竞争中保持优势地位而最终打败对手，就必须不断改进生产技术、扩大资金投入和生产规模以降低企业生产商品所需成本，使商品在价格上更具有竞争力。"优胜劣汰"的竞争规则使生产和资本越来越集中于少数大企业，其结果必然会引起垄断的产生。而为数不多的大企业之间更容易达成协议，为在竞争中获利而联合起来；企业的巨大规模造成了竞争的困难，更加促成了企业之间的联合，形成了垄断的趋势。与此同时，列宁还注意到，资本主义发展到了最高阶段的一个极为重要的特点，就是"联合制"的出现。所谓"联合制"，就是把生产上有关系的、隶属于不同工业部门的企业联合成一个大企业。这些部门之间的关系体现在两个方面：一是这些部门属于同一个产品生产链条，例如把矿石炼成生铁，再把生铁炼成钢，还可能再把钢制造成各种钢制品；二是一些部门对另一些部门起辅助作用，例如把橡胶制造成轮胎，把玻璃制造成车窗等，为汽车制造工业提供相关零部件，等等。"联合制"作为生产集中过程中出现的一种新形式，具有许多有利条件。由于联合而使商品生产跨越了许多部门，可以把在不同部门的生产环节上的商品的行情拉平，从而保证"联合制"企业能够获得更加稳定的利润率；"联合制"的出现减少了商品买卖的中间环节，大大节省了流通费用，使商品成本的降低；"联合制"下的各个部门相互协调能有能力采用新的实用性技术，从而获得更高的利润额；不同部门联合起来就等于掌握了商品原料的生产，也就等于从生产源头开始降低成品价格，使原料价格相对稳定，即使在原料价格较高时，所生产的商品仍然具有较强的市场竞争力，比起"单纯"企业来说，"联合制"企业在竞争中的地位较为巩固。基于以上因素，"联合制"的出现在很大程度上加速生产和资本的集中，促进了垄断的形成。

垄断的发展阶段。由自由竞争过渡到垄断，正是 19 世纪末 20 世纪初资本主义发展的最基本的特征。列宁将垄断资本主义向帝国主义过渡的过程中，垄断组织的发展史划分为 3 个时期。

第一个时期：19 世纪 60—70 年代以前，是垄断组织发展的萌芽时期。直到资本主义自由竞争发展到顶点之前，垄断组织还只是个别现象，其组织结构并不完善，总体上说，这一时期的垄断组织还处于萌芽状态。

第二个时期：1873 年以后到 19 世纪末，是垄断组织的成长时期。1873 年爆发了一场旷日持久的世界经济危机。1873 年 5 月 9 日，维也纳债券交易所突然崩盘，一天内股票价值缩水几亿，成为引发此次世界经济危机的导火索。随之而来的是维也纳信用体系的全面崩溃，证券交易瘫痪，有价证券交易中止。维也纳的交易所危机很快蔓延到了整个欧洲的证券交易市场，导致欧洲各国对美国的资本输出停滞，美国银行业陷入危机，纽约银行停止对铁路公司和工业界贷款。1873 年 9 月 18 日，北太平洋铁路大股东泽依－库克金融公司宣告破产，经济危机从欧洲扩张到美洲和其他资本主义国家，除了美国、德国、英国、法国和奥匈帝国外，还有俄国、意大利、荷兰、瑞典、比利时以及日本、阿根廷、印度等非西方国家，世界性经济危机全面爆发。但与以往各次危机比较，1873 年的危机就其延续的时间和波及的范围而言，是资本主义有史以来最严重的一场经济危机。在这一时期，物价大幅度下跌，迫使大批量的中小企业破产，大企业加速开发和采用先进技术，提高了生产集中，加快了走向垄断的步伐，卡特尔、托拉斯、辛迪加等垄断组织形式有过一段广泛发展的过程，但是并没有达到跨行业发展的程度，根基也并不牢固，大多数还属于暂时性的企业联盟。

第三个时期：19 世纪末到 20 世纪初，是垄断组织的大发展时期。19 世纪末工业的发展和 1900—1903 年的世界经济危机促进了垄断组织的广泛发展。1873 年危机之后，资本主义世界进入了漫长的经济萧条时期，开始了由自由竞争向垄断的彻底转变。这次危机在欧洲历时 22 年之久，期间在 80 年代初危机稍有间断，给经济以喘息之机，于是，在 1889 年前后曾经一度出现短暂的工业高涨。然而，很快就转入长达 5 年的价格低落的经济不景气时期。在此期间，工业界似乎"习以为常"，悲观、绝望、恐惧的情绪逐渐转变成对新一轮有利行情到来的期望。加之资本主义经济在世界范围的迅速而持续的殖民扩张，更加刺激和吸引了投资者狂热地投机，危机中的各主要资本主义国家先后出现了新一轮的不同程度的经济繁荣，但是，危机还是不期而至，终于在 1900 年爆发了第十五次世界经济危机。直到 1903 年，美国最后一个爆发危机，世界经济再次转入大萧条时期。垄断组织获得了长足发展的机会，从占领原料生产部门开始，实现了跨行业渗透。卡特尔等垄断组织形式逐渐成熟起来，根基不断稳固，遂成为资本主义社会全部经济生活的基础之一，于是，资本主义发展成为帝国主义。

垄断组织的形式。经过以上 3 个时期的发展，垄断组织依照内容和程度的不同，呈现多种形式，其中主要的有卡特尔、辛迪加、托拉斯和康采恩。

卡特尔：作为垄断组织形式之一，生产或销售某种同类或者类似商品的企业，为了控制该类商品的产量，提高商品价格，从而垄断市场而获取高额利润，它们在商品价格、商品产量以及商品销售等环节达成协定，形成一种企业同盟。卡特尔的同盟成员之间，在生产、商业和法律上保持着独立性。最常见和最基本的卡特尔形式是维持某一特定价格：垄断高价，在不景气时稳定价格或者降价以排挤非卡特尔企业。比如超市里的差价双倍赔偿制度。

辛迪加：这种垄断组织形式形成的目的同卡特尔类似，与之相比，辛迪加较为稳定，存在的时间也较持久。只是辛迪加的同盟成员之间，虽然在生产和法律上仍然保持着各自的独立性，但是从产品原料的采购到商品的销售都由辛迪加组织内部设立的总办事处集中统一办理，因此，成员企业在商业上丧失了独立性。商业上独立性的丧失，商业上则已完全受制于总办事处，不能独立行动，致使辛迪加成员企业之间对商品的销售份额必你争我夺、竞争激烈。在各参加者不能与市场发生直接联系的情况下，它们要想随意脱离辛迪加，事实上也很困难。如果某一成员想要退出，必须花费一大笔资金去重新建立购买—销售体系，并重新建立与市场的联系，而且每每受到辛迪加的阻挠和排挤。

托拉斯：与前两者相比，托拉斯是更高级别的垄断组织形式之一。托拉斯的同盟企业之间在生产、商业和法律上都丧失了自己的独立性。由托拉斯内设董事会统一经营、统一管理全部生产、销售活动。实际上，财政大权、领导权掌握在托拉斯组织成员中少数最大的资本家手里，同盟成员企业只能作为股东，按其持有的股份获得利润分红。因此，托拉斯内部竞争的焦点在于资本家们对领导权和利润分配的争夺。

康采恩：康采恩产生的时间晚于卡特尔、辛迪加和托拉斯，是垄断组织的高级形式之一，是一种跨部门的企业联合的形式。其成立的目的直接指向垄断销售市场、争夺原料产地和投资场所，以获取高额垄断利润。康采恩的同盟企业仅仅在形式上保持着独立性，实际上受制于组织内部占统治地位的资本家集团。这些资本家集团通过不断收购其他成员手中持有的股票份额，参加董事会、实际控制成员企业的财物，将其置于自己的控制之下。康采恩的出现，鲜明地体现了资本主义发展到帝国主义阶段银行资本与工业资本相融合的时代特征。

据统计，19 世纪以后，资本主义国家一个工业部门的生产总量，往往有7/10～8/10 集中在卡特尔和托拉斯手中。德国的卡特尔在1896 年时约有250 个，到1905 年时增至385 个，参加卡特尔的企业约有1.2 万个。美国的托拉斯在1900 年时有185 个，到了1904 年发展至企业总数的23.6%，1907 年时有250 个，1909 年占企业总数的25.9%。这些企业的工人，在1904 年占工人总数的70.6%，在1909 年占75.6%，产值分别是109 亿美元和163 亿美元，即占总产值的73.7% 和79%。在许多重要生产部门，垄断资本的控制达到了惊人的地步，几家大公司就掌握了全国生产的绝大部分。例如，美国三大汽车公司的汽车产量占全国汽车产量78.1%，德国3 家飞机公司的飞机销售额占全国飞机销售总额 93.4%，英国一家钢铁公司的钢产量就占全国钢产量 93%，日本 10 家大企业生产的船舶占全国船舶生产总吨位 96%。在所有帝国主义国家，垄断组织牢牢掌握了国家的经济命脉，控制了所有的经济部门。

资本主义的一切矛盾更加尖锐化。垄断组织的形式虽然多种多样，但它们追求高额垄断利润的实质则是相同的。这些垄断组织，控制着资本主义国家的经济命脉，导致自由竞争转变为垄断，资本主义随之过渡到了帝国主义。但是，资本主义的本质并没有因此而改变，资本主义的各种矛盾也没有因此而消除。不仅如此，资本主义发展的新的阶段中，其自身所固有的一切矛盾由于垄断的形成反而变得更加尖锐起来。列宁从资本主义矛盾的不同方面进行了分析。

在资本主义的基本矛盾方面，垄断使之进一步激化。生产社会化同生产资料私人占有之间的矛盾是资本主义的基本矛盾。列宁指出，当竞争变为垄断时，生产社会化的过程有了巨大的进展，整个生产已达到全面社会化的程度。但是，由于社会化了的生产资料仍然是少数人的私有财产，这就使得垄断组织可以凭借它的优势地位对其他企业施加强大的压力，以攫取生产社会化所带来的丰厚利益，并建立起自己的统治。与此同时，少数的垄断者对于广大的劳动者的剥削和压迫已经达到了令人难以承受的地步。因此，生产社会化使得资本主义的基本矛盾更加突出、尖锐起来。列宁认为："帝国主义阶段的资本主义紧紧接近最全面的生产社会化，它不顾资本家的愿望与意识，可以说是把他们拖进一种从完全的竞争自由向完全的社会化过渡的新的社会秩序。生产社会化了，但是占有依然是私人的。……少数垄断者对其余居民的压迫却更加百倍地沉重、显著和令人难以忍受了。"实际上说明了，帝国主义仍然是资本主义的一种发展形态，其剥削、压迫劳动者，无限度地追求剩余价值的本质没有改变，其社会内部的基本矛盾不但没有改变反而更加深重了。

在资产阶级内部矛盾方面，由于垄断并不能从根本上消灭资本主义私有制，垄断也就不能彻底消除竞争。列宁在阐述自由竞争过渡到垄断的同时，严厉地批判了垄断组织的统治以及垄断能够消除竞争的谬论。他指出垄断不仅不能消灭资产阶级内部资本家之间的竞争，反而会使竞争变得更加尖锐和深化。竞争作为资本主义私有制的必然产物，只要生产资料仍然归资本家私人占有，他们之间就必然存在利害冲突，就必然要互相竞争、斗争。资本主义发展到垄断时期，私有制基础并没有动摇和改变；而垄断的产生使更多的生产资料集中于少数垄断寡头手中。这样一来，原本就十分激烈竞争变得更加残酷了。在垄断组织内部、垄断组织之间，或者在垄断组织与其他非垄断组织之间，矛盾重重、相互倾轧，甚至是不择手段地扼杀竞争对手，争取在竞争中获胜，赢得继续参与竞争的资本。

在资本主义经济危机方面，资本主义社会生产相对过剩从而导致经济危机周期性爆发。造成经济危机爆发的根本原因仍然在于资本主义的基本矛盾，在资本主义制度之下，经济危机是不可避免的。从1825年开始到第一次世界大战之前这短短不到100年的时间里，在各个主要资本主义国家里爆发的生产过剩的经济危机就多达16次，而且相对之前爆发的危机，后者往往影响的范围更广，持续更长。事实即便如此，资产阶级的经济学家们仍然企图粉饰资本主义制度，掩盖经济危机爆发的真正原因，甚至宣传称经济危机是可以避免的。垄断组织出现之后，第二国际修正主义者违背了马克思主义站在了资产阶级立场上，扬言以垄断组织同盟来消除经济危机的时代已经到来。列宁适时地对此等既错误又危险的论调进行了有力的反驳和批判。他指出，"所谓用卡特尔消除危机，这是拼命替资本主义粉饰的资产阶级经济学家的谎话。"列宁分析认为，垄断时期的生产集中已经达到相当高的程度，无论对在生产源头上对原材料的控制和瓜分，在生产环节上对交通工具、熟练工人及技术人员的利用和支配，还是在销售环节上商品销路的畅通和掌握，同自由竞争时期的情况相比都是有所不同的。但是，跨越不同工业部门形成的垄断组织所从事的生产活动，由于垄断在不同部门之间发展的程度有所不同，他们之间很难协调一致、计划有序，使资本主义自由竞争时期生产所特有的那种无政府状态变得更加混乱，加重了垄断在不同部门之间发展的不平衡。因此，垄断不能消灭经济危机，只会使危机愈演愈烈、愈发深重。从垄断资本主义时期经济危机的发展和演变的过程来看，列宁这一判断无疑是正确的。

在本章中，列宁分析了帝国主义的第一个经济特征，即生产集中必然导致垄断。列宁首先列举了大量翔实的材料，通过描述德国和美国在 19 世纪末 20 世纪初的企业产值与雇员情况，说明其工业生产集中的迅速发展，对资本主义国家的生产发展做出分析，认为资本主义的生产已经发展到了高度集中的阶段。他说"资本主义发展到了最高阶段"，其中一个"极重要的特点就是所谓的联合制"，并且通过对希法亭所宣扬的联合制能够消除经济危机的批判，引证德国诚实的资产阶级经济学家海曼的论断，说明资本主义经济生产的高度集中已经发展到了垄断阶段，并且引起"单纯企业纷纷倒闭"。同时列宁又对英国的工业生产和企业联合事实进行了描述和分析，并得出了一个重要结论："事实证明：某些资本主义国家之间的差别，例如实行保护主义还是实行自由贸易，只能在垄断组织的形式上或产生的时间上引起一些非本质的差别，而生产集中产生垄断，则是现阶段资本主义发展的一般的和基本的规律。",即帝国主义的第一个也是最根本的经济特征:垄断。随后列宁对垄断组织的 3 个阶段的发展历程和 4 种具体形式进行了论述,并以大量史料和数据加以佐证。本章的最后,列宁进一步分析了资本主义自由经济过渡到垄断阶段,资本主义过渡到帝国主义阶段后将造成的后果。他指出:"帝国主义阶段的资本主义紧紧接近最全面的生产社会化,它不顾资本家的愿望与意识,可以说是把他们拖进一种从完全的竞争自由向完全的社会化过度的新的社会秩序。生产社会化了,但是占有依然是私人的。……少数垄断者对其余居民的压迫却更加百倍地沉重、显著和令人难以忍受了。"实际上说明了,帝国主义仍然是资本主义的一种发展形态,其剥削、压迫劳动者,无限度地攫取剩余价值的本质没有改变,其社会内部的基本矛盾不但没有改变反而更加深重了。

第二节　金融资本和金融寡头

帝国主义第二个基本特征是:"银行资本和工业资本已经融合起来,在这个'金融资本'的基础上形成了金融寡头。"关于这个特征的论述,主要是《帝国主义论》第二、三两章的内容。金融资本的产生,是以两个条件为前提,一个是工业生产的集中和垄断,另一个是银行的集中和垄断。在此基础上产生的金融资本和金融寡头,成为帝国主义国家真正的统治者。

列宁首先对希法亭的金融资本定义进行了批驳,指出其没有看到金融资本产生的最重要的因素，即生成和资本的垄断。列宁在文中对金融资本的产生极其概念的内容进行了概括，即"生成的集中；从集中生长起来的垄断；银行和工业日益融合或者说长合在一起，——这就是金融资本产生的历史和这一概念的内容。"在明确概念极其实质后，列宁对资本主义垄断组织发展为金融寡头的统治进行了论述。列宁通过对资本主义经济学家掩盖和粉饰金融寡头统治的骇人听闻的事实的批判，揭露了金融寡头形成的"内幕"，他们利用不正当手段获取收入的事实，以及当时金融寡头与官员、议会等拥有国家权力的人员和部门的联系，进行官商勾结的事实。列宁通过引述海曼对股份公司扩张的事实描述，以及对德国、英国法律对股票发行的规定，揭穿了资产阶级诡辩家对"股票占有民主化"能够造成"资本的民主化"的谎言。列宁写道："其实经验证明，只要占有40%的股票就能操纵一个股份公司的业务，因为总有一部分分散的小股东实际上根本没有可能参加股东大会等等。……实际上它不过是加强金融寡头实力的一种手段而已。"列宁认为，股份公司只是资本主义私有制实现方式的一种调整，并没有改变资本主义的基本矛盾。表面上来看股份公司的产生推动了生产社会化的发展，使得一部分劳动者的生存环境得到一定程度上的改善，但是股份公司仍然具有其阶级属性，并且其属性由实际控制股权者的阶级身份所决定。尽管金融寡头将公司股权向普通劳动者分散，使其可以通过购买股票的方式取得一定的股份，但是这并不能使劳动者就此发生身份上从无产者到所有者的转变，事实上，他们得到的仅仅是一种收益权，对于绝大多数中小股份持有者来说，根本就不能通过参加股东大会来实现对公司的管理权和决策权。因此，普通劳动者仍旧只是无产者的阶级属性，往往更容易在股份公司的不良行为中蒙受损失，其劳动所得也将变成资本家手中可供支配的、用以扩大再生产和实现更大规模投机的资本。

随后，列宁又对"参与制"进行了进一步分析，通过对德国股份公司对资产负债表玩弄的把戏，俄国大银行中"参与制"的发展程度及其对海外银行的依赖程度，法国几大银行对有价证券发行的绝对垄断及其对工业资本的控制，银行垄断同地租、交通运输的垄断相结合等事实的详尽描述，指出资本主义发展到帝国主义或者说金融资本统治阶段后，货币资本开始同生产资本向分离，完全靠货币资本为生的食利者同直接参与资本运用和生产的企业家相分离，"金融资本对其他一切形势的资本的优势，意味着食利者和金融寡头占统治地位，意味着少数拥有金融'实力'的国家处于和其余一切国家不同的特殊地位。"下面具体阐述列宁的理论分析。

银行业的发展和集中。列宁指出："随着银行业的发展及其集中于少数几个机构，银行就由普通的中介人变成万能的垄断者"。也就是说，银行作用的根本变化，是由银行资本的集中引起的。所谓银行资本就是由银行家支配的资本，它是银行资本家获取利润的手段和经济基础。起初，银行的主要业务是在支付中起着信用中介的作用，在业务范围上主要有两个方面，一是吸纳存款，二是向资本家放贷。随着银行业的发展，银行的这种中介人的一般角色也在发生着转变。一方面，通过吸收存款，使大量的资金集中于银行；另一方面，通过向资本家发放贷款，使资本家自身的发展逐渐依赖银行，对银行产生极大的需求。因此，银行本身既掌握大量的资本，又实际上支配着大小资本家几乎全部的货币资本，以及本国和许多其他国家的大部分生产资料和原料产地。同时，银行业内部的银行之间也存在着日益激烈的竞争，"大鱼吃小鱼、小鱼吃虾米"的现象也很普遍；银行通过直接吞并或者采用参与投资、购买股票、利用债务关系等间接手段，不断吸收或者联合小企业，使他们的资本不断融入到自己的康采恩。最终摇身一变，中介人变成了势力极大的垄断者。而这种身份转变的过程正是资本主义发展成为帝国主义的基本过程之一。

列宁列举了大量的统计数据，用以说明在19世纪末和20世纪初，主要资本主义国家银行集中发展的速度。数据显示，1913年，柏林的小银行受到大银行的排挤，仅仅9家大银行就吸收了德国存款总额的近一半。少数大银行实际支配了大部分银行资本，而为数众多的小银行几乎等同于大银行的分行。列宁特别列举了德意志银行在国内和国外的扩张，以说明大银行及其附属银行分布极为广泛，几乎遍布全国及海外殖民地，而大银行也几乎包揽了绝大部分的银行业务。银行集中的迅速发展，是由19世纪末20世纪初工业生产集中的迅速发展引起的。列宁指出，资本主义的生产集中，必然会表现为资本的集中；生产集中会引起垄断，资本集中同样会引起垄断；工业资本的集中和垄断为银行资本的集中和垄断创造了基础性条件。这是因为工业生产的集中和生产规模的扩大，资本家对资本数量的需求日益增长，能够满足工业资本需求的只能是实力雄厚的大银行，而银行资本的集中使银行的信贷能力大大增强，这也正迎合了资本家的需要；同时，贷款之后工业企业所获利润大幅上升，暂时闲置的资本便会存入银行，这又增加了银行存款使银行资本集中进一步加强；另外，我们前面提到的，新企业的出现变得越来越困难的原因就在于创办新企业所需要的最低资本额提高了，在小额资本投资越来越困难的时候，越来越多的人选择了将资金存入银行以获取利息的盈利方式，这样一来，银行扩大了存款来源，吸收资金的速度和幅度都显著增强。正是在这样的形势下，银行业得以迅速发展起来。

列宁总结了银行集中所采取的形式，要么直接吞并小银行，要么实行"参与制"吸收小银行，使之成为自己的附属银行。他认为这种"参与制"的银行集中形式大大促进了银行的集中。通过"参与制"，大银行实际控制了小银行，逐步形成了以少数几个最大银行为核心的、庞大的银行集团。银行集团支配着双重资本——自己的资本和别人的资本。银行集中同工业生产集中一样，也会自然而然地走向垄断。而银行集团本身就是一种银行业的垄断组织。并且"在少数几个由于集中过程而仍然处于整个资本主义经济领导地位的银行中间，成立垄断协定、组织银行托拉斯的倾向自然会愈来愈明显，愈来愈强烈"。

银行的新作用。随着银行集中和垄断的形成，银行的作用发生了根本性改变。在生产和资本都以惊人的速度和规模集中起来的时候，银行的主要职能就从吸纳存款向借贷资金转变。大工业资本家和商业资本家们在自己的行业中不断地拓展生产，吞并小公司，其规模的发展速度已经与原始资本积累的速度不相符。换句话说，他们在形成行业垄断的过程中，没有足够的货币资本可调动，因此，银行就成了他们获取临时周转资金和长期贷款的主要对象。在越来越大的吞并和规模垄断发展中，工商业资本家几乎完全依赖于大银行给予的信贷支持。另外，银行在向大企业提供贷款的同时，大企业的资金周转运行也都在与他们关系密切的银行中进行，这就使银行的资本额迅速增加，从原来依靠民众存款为主要资金来源转变为依靠大企业主、大资本家财团的资本供应。这就使银行与工商业资本形成了相互依赖、密不可分的关系，由此产生的各种证券、信贷业务也在银行业中蓬勃发展起来。另外，由于只有银行才能为大企业提供巨额的或长期的贷款，信贷的条件也都由银行控制，企业只要有向银行借贷的需求，就不得不接受银行的条件，这使一家大型银行能够轻易地控制一家企业的资本运行，甚至是生产、经营情况，最终决定一家企业的生死存亡。在这样的情况下，银行和工商企业的联系日益牢固，银行越来越多地对工商企业拥有了支配权。工商业资本家越来越依赖银行和银行家，这是银行新作用的最主要的表现。另外，银行的新作用还表现在，它大大加速了垄断组织的发展。对于这一点的论证，列宁是通过资产阶级政论家和经济学家对这一事实的承认来说明的。资产阶级学者也认识到了银行资本的集中会给大企业带来更多的发展机会。那些资本雄厚的大银行已经能够在工商业的发展起到支配和控制作用，他们与工商业资本的结合使银行资本进一步扩大，在银行业领域中，同样发生着与生产领域相同的排挤与吞并，最终在银行业中也只有为数不多的几家大型银行占据主要地位，资本额和业务额几乎垄断整合行业。而最大的银行之间，为了避免在激烈的竞争中利益均受到损害，就开始频繁地达成垄断协定，建立更大的垄断同盟。资本集中和垄断的加强不仅存在于银行业本身，而且大银行为了自己的利益，为了贷款的安全，竭力避免受他们支配的工商业垄断组织在相互竞争中遭到损失和破产，就会利用其所占有的股份或影响力促使它们也订立协议，实现垄断联合，这样就进一步加速了工商业中垄断组织的增加和扩大。结果便是，极少数银行巨头统治了国家的经济生活。

金融资本的产生。列宁指出："二十世纪是从旧资本主义进到新资本主义，从一般资本统治进到金融资本统治的转折点。"如上面所提到的，银行业的垄断越发展，银行和工商业及其发展的联系也就越紧密。当它们的规模在全国都形成了垄断的时候，国家的经济发展就不再完全依经济规律运行，而渐渐由这些银行进行调节。于是，银行业的垄断者不仅控制了银行业，实际上还控制了资本主义社会的工商业。银行对工业企业的渗透，使之成为工业企业的直接参与人和共同所有人。另一方面，工业部门的垄断组织也想方设法渗入银行，不但能够从银行那里得到对自己有利的贷款，还能同银行一起分享高额的银行利润。于是，垄断资本在银行业和工业两个部门之间不断融合，最终形成了金融资本并统治整个社会经济生活。

银行资本和工业资本融合的具体形式是"个人联合"。列宁在文章中概括了德国经济学家耶德尔斯搜集的材料，用两个典型的数据例证说明这种"个人联合"的形式和广度。他介绍说："柏林6家最大的银行由经理做代表，参加了344个工业公司，又由董事做代表，参加了407个公司，一共参加了751个公司。它们在289个公司中各有两个监事，或者占据了监事长的位置。在这些工商业公司中，有各种各样的行业，如保险业、交通运输业、饭馆、戏院、工艺美术业等等。另一方面，在这6家银行的监事会中，在1910年有51个最大的工业家，其中有克虏伯公司的经理、大轮船公司沃堡－美洲包裹投递股份公司的经理等等。在1895—1910年间，这6家银行中的每一家银行都参加了替数百个工业公司发行股票和债券的工作。"除此之外，二者还同政府进行这种个人联合，把公司职位让给国家官吏，或者由资本家兼任政府职位。因此，资本主义国家的政府实际上不过是资产阶级的股份公司，而在政府中执行政策的人们则是垄断寡头的代理人。

列宁通过对银行同工业相互渗透所作的分析，初步阐述了金融资本的形成问题。同时又专门在第三章进一步说明帝国主义时期金融资本的形成和金融寡头在经济上和政治上的统治。

金融资本的定义及内容。为了正确阐明金融资本产生的历史根源和这一概念的内容，列宁引用了希法亭对金融资本的定义作为比较对象。希法亭说："愈来愈多的工业资本不属于使用这种资本的工业家了。工业家只有通过银行才能取得对资本的支配权，对于工业家来说，银行代表这种资本的所有者。另一方面，银行也必须把自己愈来愈多的资本固定在工业上。因此，银行愈来愈变成工业资本家。通过这种方式实际上变成了工业资本的银行资本，即货币形式的资本，我把它叫作金融资本。""金融资本就是由银行支配而由工业家运用的资本。"希法亭对金融资本的这一定义只看到了构成金融资本的两个内容，而没有认识到金融资本出现和形成的历史根源和现实基础。列宁认为这个定义忽略了一个最重要的因素，即"生产集中和资本集中发展到很高的程度，就会造成垄断，而且已经造成了垄断"。金融资本的产生，是因为控制两种资本运行的行业都形成了大规模的垄断，正是垄断的发展才使这两个行业有了资本融合的要求和动力，金融资本在这个必要条件下才产生的跨行业垄断资本，并逐渐开始在国民经济生活中占支配地位。

列宁认为，金融资本应该是工业垄断资本和银行垄断资本混合生长的资本。在帝国主义时期，占统治地位的应当是同时掌握银行和工业的金融资本，而不是单纯的银行资本，也不是单纯的工业资本。在商品生产和私有制的一般环境里，资本主义垄断组织的"经营"必然转变为金融寡头的统治。所谓金融寡头，就是那些掌握巨额金融资本、控制国家经济命脉、同时又在政治上对国内外实行残酷统治的极少数最大的垄断资本家或金融资本集团。最大的垄断资本在竞争中不断打压和排挤对手，使极少数金融寡头控制了大银行，同时又控制了工商业垄断组织，从而掌握了国家经济命脉，在经济上建立起自己的统治地位；金融寡头在经济上的统治地位，决定了他们必然处心积虑谋取政治上的话语权，以巩固和加强金融资本统治地位，使国家政府成为自身利益的代言人。而资产阶级学术界的学者和经济学家们，如德国的里塞尔、舒尔采－格弗尼茨、利夫曼等人，只会为维护帝国主义和金融资本而狡辩，完全不能认识到其实质，揭露少数掌握巨额资本的银行家、企业家们为获得更多利益而采取的不择手段的行为。

金融寡头控制经济的主要手段。在向帝国主义过渡时期，金融寡头对于国内经济的控制和统治，主要是通过"参与制"来实现的。他们掌握着总公司，用收买股票、掌握其他公司股票控制权的办法使其他公司从属于自己，成为自己的"子公司"；各"子公司"又以同样办法控制更多的"子公司"。事实上，拥有 50% 的资本，往往就能控制整个股份公司，所以，一个领导人只要拥有 100 万元资本，就能控制各子公司的 800 万元资本。这样，就形成了金字塔式的层层控制，而金融寡头就站在这个金字塔的最顶端。因此，金融寡头往往能够控制超过自身掌握的几倍、甚至几十倍的巨额资本，从而使垄断者的实力大大增加；通过拥有不太多的资本，控制巨大的生产部门。20 世纪中叶，控制美国经济的洛克菲勒、摩根、美洲银行、第一花旗银行等 8 个最大的金融寡头，分别控制了许多不同部门的垄断组织。到 1972 年为止，洛克菲勒和摩根这两个财团所控制的资产都在 2000 亿美元以上，成为这 8 个金融寡头中最"富裕"的两个。

洛克菲勒家族是美国最大的资本家家族之一。洛克菲勒财团就是以这个家族经营的大垄断企业为核心而形成的。洛克菲勒财团以石油起家,"创业人"约翰·戴维森·洛克菲勒原是个投机商人。1863 年他在克利夫兰地区开设了一个炼油厂,到 1869 年,已发展成为美国最大的炼油厂。1870 年 1 月,洛克菲勒将他的炼油厂变为股份公司,定名为美孚石油公司,1878 年在石油业中占据了绝对优势。1882 年将美孚石油公司改组为美国历史上的第一个托拉斯。此后,洛克菲勒通过种种措施,始终牢牢地控制着石油业,号称"石油帝国",成了亿万富翁。据估计,在 1925 年,洛克菲勒的私人资产已超过 15 亿美元。1956 年,洛克菲勒家族的私产已达到 35 亿美元。洛克菲勒旗下的七大石油公司不仅垄断着美国国内石油产销的绝大部分,而且在国际石油工业领域内也居于霸主地位。除石油以外,洛克菲勒财团还直接控制工矿企业,二战后又插手新兴的军火工业。大通曼哈顿银行是洛克菲勒财团的金融核心。1972 年,这家银行已成为美国第三大商业银行。洛克菲勒财团是美国的国际性垄断财团。

摩根家族是美国最大的资本家家族之一。摩根财团也是以这个家族为核心的美国最老的一个财团。创始人朱·斯·摩根原在英国开办票据承兑行,19 世纪 60 年代在美国设立分行,并于 1871 年与安东尼·德勒克赛尔合伙,在纽约开设"德勒克赛尔–摩根公司",后成为摩根财团的金融支柱。摩根财团在 1890 年经济危机期间控制了美国的铁路、电气和钢铁行业,一战中与杜邦财团结成金融联盟,使摩根财团成为华尔街金融势力的最高主宰者。二战后,其垄断行业横跨汽车、航空、煤电、制造业、食品业等部门,持续影响美国经济生活和政府决策,其势力遍及世界各个角落,重点在欧洲和加拿大,是大型国际性垄断财团。

"参与制"不仅使垄断者的权力大大增加,而且还使他们可以不受惩罚地、为所欲为地干一些见不得人的龌龊勾当，可以盘剥公众，因为总公司的领导人在形式上，在法律上对子公司是不担负责任的，子公司算是"独立的"，但是一切事情都可以通过子公司去"实施"。例如，1914年德国《银行》杂志刊登的一个例子："卡塞尔的弹簧钢股份公司在几年以前算是德国最赚钱的企业之一。后来因为管理得很糟糕，股息从15%跌到0%。原来，董事会没有通知股东就出借了600万马克给自己的一个子公司哈西亚，而哈西亚的名义资本只有几十万马克。这笔几乎比总公司的股份资本大两倍的借款，根本没有记入总公司的资产负债表；在法律上，这样的隐瞒是完全合法的，而且可以隐瞒整整两年，因为这样做并不违反任何一条商业法。以负责人的资格在这种虚假的资产负债表上签字的监事长，至今仍旧是卡塞尔商会的会长。这笔借款被发现是个'错误'，知道底细的人开始把'弹簧钢'的股票脱手而使股票价格几乎下跌了100%，在这以后很久，股东们才知道有借款给哈西亚公司这回事……"。通过这个例子，反映出垄断资本家"善于"利用资本主义的法律，逃避自己的责任；同时，背着一般股东从事冒险行为，如果获利便隐瞒利润，如果失利便一走了之。这种现象在资本主义私有制的条件下是极为常见的。不论资产阶级诡辩家和机会主义分子怎样鼓吹小额股票的发行能够促成"资本的民主化"，仅以半数股权就能使金融寡头实际操纵股份公司全部业务的事实，完全揭穿了股票发行只不过是金融寡头加强实力的一种手段而已。

此外，金融资本不断盈利以巩固金融寡头统治地位的方式还有很多种，主要包括创办企业、发行有价证券、经营公债、贱价收买或"整理"和"改组"小企业、从事土地投机等。下面对其中几种方式作简要介绍。

　　金融资本的盈利方式之一是发行有价证券。在发行所属企业的股票时，金融寡头对股份资本实行"掺水"，使股票数额大大超过实际资本，以掩盖惊人的垄断利润。在办理借债时，金融寡头通过自己控制的银行，或者克扣债务国所得到的借款，或者从发行公债中收取利润，或者抬高债券的市价，掠取巨额利润。

　　金融资本的另一种盈利方式是购买、"整理"和"改组"企业。在经济危机期间或者在经济危机之后的经济萧条时期，小企业往往经受不住危机和经济衰落的打击而纷纷倒闭，金融资本趁机以低廉的价格大肆购买企业、"整理"和"改组"企业。例如，多特蒙德的联合矿业股份公司，是在 1872 年创办的。发行的股份资本将近4000 万马克，而在第一个年度获得 12% 的股息时，股票行情就涨到170%。金融资本捞到了油水，悄悄地赚了 2800 万马克。在创办这个公司的时候，起主要作用的就是那个把资本很顺利地增加到 3 亿马克的德国最大的银行贴现公司。后来联合公司的股息降到了零。股东们只好同意"冲销"资本，也就是损失一部分资本，以免全部资本损失。经过多次"整理"，在 30 年中，联合公司的账簿上消失了 7300 多万马克。"现在，这个公司原先的股东们手里的股票价值，只有票面价值的 5% 了"，而银行在每一次"整理"中却总是"赚钱"。

　　另一种金融资本的特别盈利方式就是利用土地来做投机生意。他们在那些城市的郊区、交通还不方便的地区用较低的价格购买土地，然后，通过所控制的交通运输公司修筑道路，再以较高的价格将这些土地出售。

　　金融资本通过种种手段不断盈利而发展壮大，最终使金融寡头不仅建立了经济上的统治，而且还掌握了国家的政治权力。这是因为，垄断既然已经形成，而且金融寡头控制着大量的资本，必然不顾一切地渗透到社会生活的各个方面。因此，就在银行资本和工业资本融合的同时，它们又与国家政权勾结起来，使国家机器完全服从于金融资本。

列宁在论述金融资本与国家政权相结合时，还指出了帝国主义的私人垄断必将向国家资本垄断发展的历史趋势。由于帝国主义垄断和竞争的加剧，必然引起资本主义社会内部和国家之间各种矛盾的激化，这种矛盾的范围和程度都是私人资本家难以缓和的，因此，资本家必然要求助于国家权力，使金融资本与国家权力合法地结合在一起，帝国主义的一般垄断就发展为了国家垄断。列宁指出，国家垄断资本主义的出现，并不能解决帝国主义或帝国主义社会的固有矛盾。相反，它只能使矛盾进一步激化，加速帝国主义的死亡，为社会主义革命提供条件。

另外，金融资本在一般垄断时期与国家相结合，主要表现为金融资本的跨国统治。列宁指出，金融资本在国外也建立起它的统治。在19世纪70年代，各国的私人金融资本，特别是银行资本就通过在全世界发行证券的方式开始进行跨国发展。到20世纪初，10年之内各资本主义国家在全世界发行证券的总额差不多增加了一倍。据奈马尔克计算，1910年全世界有价证券的总额大约是8150亿法郎。他大致地减去了重复的数字，使这个数额缩小到5750亿~6000亿法郎。英国、美国、法国、德国4个最富的资本主义国家，各有约1000亿~1500亿法郎的有价证券。在这4个国家中有两个是最老的、殖民地最多的资本主义国家——英国和法国，其余两个是在发展速度上和资本主义垄断组织在生产中的普及程度上领先的资本主义国家——美国和德国。这4个国家一共有4790亿法郎，约占全世界金融资本的80%。世界上其他各国，差不多都充当了这些垄断者的债务人和进贡者的角色。

由此可见，金融资本出现后，少数拥有金融"实力"的食利国家已经取得了国际垄断地位，凌驾于其他国家之上了。

第三节　资本输出

在《帝国主义论》第三章结尾列宁谈到："我们应当特别谈一下，资本输出在形成金融资本的依附和联系的国际方面所起的作用。"在接下来的第四章中对资本输出进行了详细论述，并把它作为帝国主义的第三个经济特征。列宁认为，进入垄断资本主义时期，对外输出的已经不再仅仅是商品，更典型的变成了资本输出。列宁首先论述了资本输出的缘由，因为20世纪各资本主义国家都形成了资本家垄断同盟，在积聚了巨额财富的少数资本家同盟和国家中出现了大量"过剩资本"，一方面，资本家们将这些"过剩资本"输出到落后国家，购买廉价土地、原料和劳动力，生产低成本商品，再将商品高价销往各地，赚取更高的利润；另一方面，持有巨额金融资本的国家，由政府或资本家垄断同盟向落后国家提供资金借贷，进一步控制其国家的经济发展和内政外交，进行经济、政治等各方面的资本主义渗透。资本家们在尝到了资本输出的甜头后，开始了疯狂的资本输出活动。列宁尖锐地指出："这就是帝国主义压迫和剥削世界上大多数民族和国家的坚实基础，这就是极少数最富国家的资本主义寄生性的坚实基础！"列宁列举了英国、法国和德国对世界的资本输出分布情况，将其称之为"殖民帝国主义"和"高利贷帝国主义"。资本输出使资本主义在全球范围内进一步扩张和发展，将是多数贫穷落后和相对孤立的国家都卷入了资本主义发展轨道上来。列宁在本章末尾指出："金融资本的密网可以说确实是布满了全世界。在这方面起了很大作用的，是设在殖民地的银行及其分行"，"金融资本还导致对世界的直接瓜分"。

资本输出的发展。资本输出在自由资本主义时代就已经发生了，但那时，还只是少量、个别的现象，只是在帝国主义时代，到了 20 世纪初期才大大发展起来的。那么，资本输出的主要原因是什么呢？一方面，在主要的资本主义国家都相继出现了资本家的垄断同盟；另一方面，少数最富的国家金融资本已经确立起统治地位，垄断导致大量的"过剩资本"出现，为了"消化"这些"过剩资本"，便加速了资本的对外输出。由此可见，资本输出是和垄断分不开的，是随着垄断的发展而发展的。

列宁为了说明这个问题，首先对照分析了资本主义不同阶段的两种垄断及其结果，以此阐明资本输出的必要性和可能性。

19 世纪中叶，资本主义最早发展的英国成了"世界工厂"，用工业品与各国原料相交换，垄断了世界市场的商品交换。但是，这种垄断只扩大了商品输出，并没有形成资本输出的必要。资本输出成为特征，是在 20 世纪开始时，由于资本主义发展不平衡规律的作用，英国控制世界原料、供给成品的垄断局面被打破，并形成了由于生产集中而产生的作为帝国主义经济特征的垄断。这种垄断使少数最富的国家和垄断同盟产生了大量的"过剩资本"，"过剩资本"的存在，构成了资本输出的必要性。因为在一些国家里，金融寡头通过残酷的剥削，在自己手中集中了大量资本；同时，它又限制了国内有利可图的投资场所，缩小了在国内扩大投资的可能性。由于垄断资本的剥削使人民大众的购买力低下，远远赶不上生产的迅速发展，导致市场的相对缩小，在国内的有利的投资场所显得不够了；还因为一个生产部门被少数垄断组织控制后，会阻碍其他新资本向这个部门投资，同时，由于垄断地位保证了高额利润，又减少了这个部门原有资本扩大投资的刺激和压力。少数最富的国家凭借它在国际上的垄断地位，肆无忌惮地剥削和掠夺殖民地人民，使大量资本更加集中于少数金融寡头的手里，加剧了国内有利可图的投资场所的狭小和大量资本集中在少数金融寡头手中的矛盾。这样，"在先进的国家里出现了大最的'过剩资本'"。垄断资本家为了追逐更大的利润，必然要把"过剩资本"向国外输出，尤其是向比较落后的国家输出，因为在落后国家里资本较少，劳动力和生产资料的价格低廉，更加便于攫取高额利润。也正是因为许多落后国家在资本主义殖民扩张过程中沦为殖民地或附庸国，使它们卷入世界资本主义的流通范围。在这些国家里，正在兴建和已经建成的广泛的铁路网络，为向这些国家资本输出、发展工业创造了可能性、提供了起码的必要条件。

资本输出的两种基本形式。列宁分析和总结了资本输出的两种基本形式：一是生产资本的输出；二是借贷资本的输出。生产资本的输出是由垄断组织以直接投资的方式，在国外开办新的企业或收买原有企业。而借贷资本的输出则是由国家政府或私人垄断组织出面，贷款给外国的政府或企业。但是，无论采取哪种形式，其目的都是为了剥削和掠夺其他国家的人民，攫取垄断高额利润。所以，资本输出的结果，必然给输入国带来极大的危害，使落后国家的国民经济遭到破坏。列宁指出，在第一次世界大战前夜，仅英、法、德三国的国外投资总额已达1750亿～2000亿法郎。按5%的低利率计算，每年收入就有80亿～100亿法郎。资本输出往往也被用来作为加强商品输出的手段。例如在缔结贷款协定时，通常总要规定债务国拿一部分贷款来购买债权国的产品作为贷款的条件。这就是说，它要"从一头牛身上剥下两张皮来：第一张皮是从贷款取得的利润，第二张皮是用此一笔贷款用来购买克虏伯的产品或钢业辛迪加的铁路材料等等时取得的利润。""这就是帝国主义压迫和剥削世界上大多数民族和国家的坚实基础，这就是极少数最富国家的资本主义寄生性的坚实基础！"列宁用这种形象生动的语言深刻地揭示了资本输出的实质和作用。

为了更好地理解帝国主义的资本输出，我们考察1840年后帝国主义对中国的资本输出的一些情况。

鸦片战争以后，帝国主义向中国进行大量资本输出，形成了帝国主义对中国的经济瓜分之势。当时，帝国主义向中国输出资本的主要方式有：

（1）向清政府进行政治贷款。《马关条约》中规定清政府要在3年内偿付对日赔款20 000万两，后来又加上赎辽费3000万两。当时清政府全年的财政收入8000余万两，根本无力筹划。列强认为这是掠取特权的大好机会，争相兜揽借款。在列强的争夺和逼迫下，清政府在甲午战争后3年多的时间里，先后3次向列强借款。1895年，清政府向俄法借款总额为4亿法郎，折银9800万两，折扣94.125%，年息4厘，以海关收入为担保，分36年还清。1896年初，清政府向英德借款总额为1600万英镑，折银9700万两，折扣94%，年息5厘，以海关收入为担保，分36年还清。1897年，清政府再次向英德集团借款总额为1600万英镑，折银1.12亿两，折扣

83%，年息4.5厘，分45年还清。

（2）争夺中国铁路的投资权。甲午战后几年间，列强先后通过八次铁路借款，夺取了长达1.9万余里的铁路投资权和修筑权。它们不仅通过输出资本榨取到巨额的利润，还控制了铁路沿线的大片土地和资源，有的甚至享有铁路沿线的行政权和警察权，使铁路沿线的中国领土主权名存实亡。可见，投资和修筑铁路已成为甲午战后列强在华争相输出资本和巩固势力范围的重要手段。

1911 年中国境内铁路投资情况

类　别	里程（千米）	比重（%）
中国自主修筑铁路	665.62	6.9
外国直接投资铁路	3759.7	39.1
外国贷款投资铁路	5192.78	54.0
合计	9618.1	100.00

（资料来源：宓汝成：《帝国主义与中国铁路》）

（3）投资中国矿山。1896 年，美国首先和中国"合办"门头沟煤矿，外资从此侵入中国矿业。此后，列强纷纷效尤，诱迫清政府签订"矿务"合同，攫取矿山投资权和开采权。至1913 年，先后开设的外资矿场不下32 家，投资近5000 万元。

（4）在华开设工厂、银行。甲午战前，外国资本在中国设立的工厂已有80 余家，资本总额约为2800 万元，1895—1900 年间，列强在华设厂总数激增到933 家，外资企业已经伸入到中国的各个经济部门，并把上海变成了它们在华纺织业的中心。它们凭借雄厚的资本，利用中国的廉价劳动力和原料，节省了运费，又享有免纳种种苛捐杂税的特权，不仅获得了巨额利润，而且迅速发展为具有垄断性的企业，严重排挤了中国民族工业的产品。

中国对外贸易早已掌握在外商手中，进出口货物均被少数外商垄断。随着外国商品的大量畅销和农产品的大量输出，到19世纪末，中国的国内市场也已经为外商所控制。他们以雄厚资金为后盾，操纵市场，任意抬高或压低货价。中国的商业资本不得不仰承外国资本购鼻息，或成了替外国资本家推销商品和收购原料的工具。此时中国的某些经济农作物的发展，并不是取决于本国经济的需要，而是受到国际市场供求关系的制约

甲午战争前外国在华投资估计（1894年）

业　别	估计投资额（美元）	占合计（%）
银行业	28 094 940	23.52
保险业	5 992 800	5.02
航运业	13 342 545	11.17
工业	14 245 128	11.93
贸易业	41 949 911	35.12
其他商业	5 428 016	4.55
政府借款	10 380 349	8.69
合　计	119 433 689	100.00

（资料来源：徐涤新、吴承明主编：《中国资本主义发展史》）

从1895年到1913年，外国在中国增设了银行13家，分支机构

85 处。其中日本 4 行 29 处，法国 3 行 12 处，比利时 2 行 8 处，美国 1 行 4 处，俄国 1 行 14 处，意大利 1 行 1 处，荷兰 1 行 1 处，德国 11 处，英国 5 处。

1914 年外国金融业在华投资估计

银行名称	在华投资	折合美元
汇丰银行	48 250 000 港元	23 125 000
花旗银行	8 000 000 元	5 594 000
日本各银行	12 650 000 日元	6 454 000
华俄道胜银行	20 000 000 日元	10 200 000
东方汇理银行	4 000 000 元	2 792 000
德华银行	5 000 000 规两	3 500 000

（资料来源：许涤新、吴承明：《中国资本主义发展史》第 2 卷）

资本输出使国家之间的矛盾加剧。资本输出形成了世界性的金融剥削网。造成了金融资本对全世界的统治。同时，资本输出也使帝国主义列强之间的矛盾尖锐化了。各帝国主义国家通过大规模的资本输出，占有自己的势力范围，从这个意义上说，资本输出国"已经把世界分割完了"。于是，就产生了争夺投资场所、商品市场和原料产地的斗争。从而引起了帝国主义之间争夺和扩大势力范围的尖锐矛盾。

资本输出也必然使帝国主义国家同殖民地附属国、输出国同输入国之间的矛盾更加尖锐化。资本输出对于殖民地附属国、相对资本输入国而言，尽管自身的经济发展受到外来资本的刺激和帮助，但是，这绝对不是出于发达国家对落后国家的好心和怜悯，帝国主义资本输出的目的在于把这些国家变成自己的廉价原料加工地、剩余产品的倾销市场和取之不尽用之不竭的廉价劳动力市场。因此，资本输出必然使帝国主义同殖民地附属国、资本输入国产生不可调和的矛盾冲突。

第四节　资本家同盟瓜分世界

列宁认为，帝国主义第四个基本特征是："瓜分世界的资本家国际垄断同盟已经形成。"这是《帝国主义论》第五章的主要内容。首先，列宁分析了国际垄断同盟是如何形成的。随着资本主义国家内部垄断同盟发展的成熟，本国内的生产和市场几乎已经被分割完毕，有利可图的机会越来越少，但其追求利益的野心却愈发膨胀。20 世纪初，在资本主义世界市场已经基本打通，资本家同盟寻常将视线从国内转移到了国际领域，伴随资本输出的加剧，各国垄断组织之间的的联系和往来越来越密切，在世界市场的巨大诱惑面前，这些垄断同盟自发的走在了一起，达成了对世界市场的分割与垄断协议，便形成了"国际卡尔特"。列宁在文中列举了德国和美国电气公司的跨国联合，形成了当时世界电气业的国际托拉斯，以此为例说明这种超级垄断是怎样形成的。但这种国际垄断联盟并非坚不可摧，事实上由于发展不平衡、战争和内部矛盾等问题，这种联盟在面临新的利益诱惑时，非常容易解体，并对世界进行重新瓜分。列宁分别列举了煤油工业、货轮航运业和钢轨产业的国际瓜分和为重新瓜分而在各资本主义国家展开的斗争。同时，列宁严厉地批驳了考茨基为机会主义辩护的诡辩言论，再次强调了帝国主义是垄断的资本主义，其实质和基本矛盾都没有改变。在本章最后，列宁指出帝国主义时代，资本家同盟和资本主义国家通过在经济上瓜分世界而建立起了政治联系。

国际垄断同盟的形成和发展。在帝国主义时期，资本家的垄断，如前面所介绍的卡特尔、辛迪加、托拉斯等垄断同盟，已经在国内占据了生产、金融、市场等一切能够为其带来利润的部门，完成了对本国内市场的瓜分，垄断了国内的生产。以 20 世纪初的美国工业为例，随着垄断资本主义的不断发展并逐渐成为世界经济主流的同时，刚刚崛起的美国国内垄断与垄断者也有了极大的发展。当时美国最具影响力的 3 位垄断者分别就是石油大王洛克菲勒、钢铁大王安德鲁·卡耐基和实际控制着金融业以及拥有铁路王国的摩根。可以毫不客气地说，这 3 个人主宰着美国的经济命脉。而他们的垄断地位，却是在反复竞争与争夺中逐渐形成的。在这一过程中，呈现出垄断者及其组织之间既相互竞争又相互合作的竞合关系，既相互斗争又相互整合的依存关系。就是在这样一种复杂的关系发展中，在美国工业与金融业不断融合的过程中，他们逐渐实现了对国内工业生产的垄断，完成了对国内市场的瓜分。在实现对国内市场和生产的实际控制之后，垄断组织将目光投向了利益广阔的国外市场，世界各国的垄断组织展开了对国外市场激烈的争夺战。为了避免在竞争中两败俱伤，在双方势均力敌的情况下，垄断组织开始转变斗争策略，采取签订国际协定、形成垄断同盟的方式以实现瓜分世界经济利益的目的。与此同时，交通运输业的发展，为资本主义的国内市场与国外市场密切联系提供了极大的便利和可能性，促使资本主义世界市场得以形成，所以"随着资本输出的增加，随着最大垄断同盟的国外联系和殖民地联系以及'势力范围'的极力扩张，'自然'就使得这些垄断同盟之间达成全世界的协定，形成国际卡特尔。"

列宁在论述国际垄断同盟形成和发展的过程中，以德、美在电力部门、航运产业，欧洲在钢轨制造业、火药制造业上形成国际垄断同盟为有力的佐证来说明其瓜分世界经济特征。

在19世纪末20世纪初，由于新技术的运用，电力部门迅速发展起来，尤其在德国和美国这两个最先进的新兴资本主义国家里发展速度最快。在1900年以前，德国的电力行业经过垄断生产过程的发展，逐渐形成了七八个大型电力集团，如：费尔登与吉约姆－拉迈尔集团、联合电器总公司、西门子与哈尔斯克集团、舒克尔特公司、贝尔格曼集团和库梅尔公司，28家电力公司囊括在这几个集团之中，其背后有11家银行对其在资本上进行援助。到1908年，这6个集团已经合并为4个集团，库梅尔公司破产，到了1912年，4个集团又合并为两个大型断垄集团：电气总公司和西门子与哈尔斯克－舒克尔特集团。德国的电力工业在1904年就积极开始投资海外，电气总公司一家就在海外设立了34个直接代表机构开展业务，在欧洲各国设立了16个制造公司，制造从电缆到汽车、飞机等各项产品。美国在1900年后更是在电力行业处于领先地位，美国通用电气公司分别在欧洲设立了汤普逊－霍斯东的分公司和法国爱迪生公司，对欧洲电力市场进行开拓。德国电气总公司和美国通用电气公司在欧洲市场甚至是世界市场上，展开了激烈的竞争。1907年，德美两国为了消除竞争给他们带来的损失，共同订立了瓜分世界的条约。

通用电气公司分得了美国和加拿大市场，电气总公司则获得了德国、奥地利、俄国、荷兰、丹麦、瑞士、土耳其和巴尔干地区的市场。它们还就没有被瓜分的国家和地区，其子公司扩展到其他新兴工业部门等问题，订立了秘密条约。此外还规定要互相交换发明和试验结果。自此，世界范围内的电力工业被这两大超级电气公司所独霸，国际电力行业垄断同盟就此形成，将世界市场分割成若干区域瓜分完毕。

在商轮航运业中，也同样被德国和美国组成的国际垄断同盟组织所分割。美国在20世纪初期成立了国际商轮公司，由美英两国的9个轮船公司合并而成，拥有资本12 000万美元。德国在航运业集中发展后，形成了两个最大的公司，即汉堡－美洲包裹投递股份公司和北德劳埃德公司，它们各有资本2亿马克和价值18 500万~18 900万马克的轮船。1903年，这三家公司签订了瓜分世界航运业利润的合同，规定了各港口使用归属权，使这三家世界上最大规模的航运公司从竞争关系变为了合作瓜分世界利润的国际垄断同盟组织。

列宁还提到了钢轨、锌业和火药业国际垄断同盟的形成。19世纪末，英国、德国、比利时三国在钢轨制造业中发起了第一次产业联盟的尝试，三国缔约承诺不进入彼此的国内市场，对于没有缔结合约的国家和企业予以联合排斥，而且按比例共同瓜分海外市场，英国占66%，德国占27%，比利时占7%，印度完全归英国。但这个同盟由于内部利益分配不均并没有长期存在，仅联合了4年就瓦解了。随后，由于德国和美国钢铁制造业中垄断企业的发展，国际钢轨垄断同盟又再一次恢复，并加入了美国、法国、奥地利和西班牙，开始重新瓜分世界市场。国际锌业与火药业的联盟也是在20世纪初，有欧洲各大国和美国明确分割国际市场占有比例和地区而形成的。

国际垄断同盟的矛盾和冲突。这种国际垄断同盟并没有如看上去那样的团结，他们由于获取利益的不平衡和国家发展需要的改变，并有没完全遵守合约中的规定，而是通过各种方式在同盟内部争取更多的利润。这就是这种垄断同盟不能稳固存在的原因。当遇到实力对比的不平衡发展、战争或经济危机时，这些对世界瓜分的比例就面临调整的要求，而在其组织内谁也不想失去现有的份额，竞争就在帝国主义内部更加激烈地产生了。世界就面临着被重新瓜分的局面。

列宁以欧洲国家和美国争夺煤油业垄断的霸权地位为例，说明了国际垄断同盟不能消除竞争，反而会引起更加激烈的竞争，及其对世界的重新瓜分。

1905 年前，世界煤油业被美国的美孚石油和俄国的巴库油田所垄断，其背后是美国洛克菲勒财团和俄国巴库油田老板路特希尔德和诺贝尔。他们同样在世界煤油范围内达成了瓜分共识。但 1905 年后，随着美国石油资源的枯竭和来自其他国家和石油公司发展壮大的威胁，世界煤油市场面临着重新洗牌的局面。奥地利、罗马尼亚和荷、英联盟的石油公司进入到世界市场中，开始了对煤油市场的国际争夺战。新加入战局的 3 个国家的石油企业都与德国银行，特别是德意志银行有频繁的业务往来。德国银行联盟企图注资这三国的石油业以形成自己的煤油联盟，与美、俄争夺煤油业在国际市场中的巨额利润。而美国的洛克菲勒财团想要独霸世界市场，在荷兰本土开办了其子公司，以对抗英、荷联盟的壳牌石油公司。德国又操纵自己手中的罗马尼亚的石油公司与俄国联合，对抗洛克菲勒财团。但由于当时洛克菲勒公司拥有资本之庞大，和其运输管道、供应市场的规模之巨大，已经不是德意志银行能比拟的。因此，在1907年，这场帝国主义垄断同盟之间的激烈竞争以美国的大获全胜为结果落幕了。其后的几年中，德国银行仍没有放弃纷争煤油市场的图谋，在国内制造舆论和伪"爱国主义"宣传，导致政府通过了煤油垄断法案，消除了美国对其在缔约条款上的限制。但德国煤油企业主和银行家们的美梦终究还是因自身利益矛盾和战争原因而成为泡影，没能实现对国际煤油市场的瓜分。

在国内垄断基础之上建立起来国际垄断，是垄断发展的一种必然趋势。国际垄断的形成意味着垄断组织的分割、控制已经从国内市场走向世界市场，标志着生产和集中已经发展到了最高程度的垄断新阶段。列宁把这种垄断称之为"超级垄断"。列宁对电力、煤油、航运、钢轨、锌业等国际垄断的形成和发展的详细叙述和分析中，清晰地阐明了这种"超级垄断"的成长过程。

从列宁所说的"煤油喜剧"中，我们也能明白地看到国际垄断同盟是帝国主义者之间的强盗联盟，作为对世界经济的契约式分割，它不可能消灭竞争，相反地，会使竞争更加尖锐化，在更大程度和范围内进行对生产、资本、金融、市场等等资源的占有和争夺。相对于竞争方式来说，垄断组织达成国际同盟只是在斗争形式上有所不同，而斗争的实质和内容并没有改变，即瓜分世界经济利益是资本主义制度下垄断资本永恒不变的主题。那种仅仅强调斗争形式而极力掩饰斗争内容、迎合资产阶级利益的做法，显然是为了维护垄断资本的统治。事实证明，资本主义制度下唯一可行的办法，就是资本家垄断同盟按照自身的资本实力来分割世界。然而，这种资本实力随着经济和政治的不平衡发展而不断发生变化。当原有的资本实力平衡被打破时，必然会发生新的矛盾冲突。而新的冲突中形成的新的资本实力平衡，也必然要求按照新的资本和实力重新瓜分世界。可是资产阶级学者和马克思主义的"叛徒"卡尔·考茨基却认为，国际垄断同盟的出现可以消灭竞争，他们认为在资本主义制度下各民族间有着"可能实现和平的希望"。对于"考茨基主义"谬论，列宁指出，国际垄断同盟的出现，虽然有可能使斗争形式发生变化，但是，"斗争的实质，斗争的阶级内容是始终不会改变的。""拿资本家同盟互相进行斗争和订立契约的形式……来偷换斗争与协议的内容问题，就等于堕落成诡辩家。"列宁在《帝国主义是资本主义的最高阶段》的第七章和第九章中有着专门的批判和论述，尤其着重批判了考茨基的"超帝国主义"论。

第五节　大国瓜分世界

《帝国主义论》第六章主要论述帝国主义第五个基本特征："最大资本主义大国已把世界上的领土瓜分完毕。"列宁在这一章首先对帝国主义瓜分世界的概况进行了简要描述和盖棺定论，"这个时期的特点是世界瓜分完毕。所谓完毕，并不是说不可能重新瓜分——相反，重新瓜分是可能的，并且是不可避免的"，同时，列宁认为世界的第一次瓜分已经完毕，再次重新瓜分时，也只是帝国主义国家之间的互相争夺，再没有无主之地以供分割。列宁在文中罗列了英、法、德三国在 19 世纪期间殖民地面积变化的数据及其殖民政策的变化，来说明帝国主义国家在金融资本时代更加强化了其殖民政策和对殖民地的争夺的事实。帝国主义时代是"金融资本密切联系的世界殖民政策的特殊时代"。在金融资本时代，一方面，帝国主义国家及其大垄断者认为，只要有可能存在生产原料的地方都是有用的土地，都能获取高额利润；另一方面，由于资本输出的丰厚获利，也使资本家们看到了殖民地的巨大价值，因此对殖民地的争夺达到了历史的"高潮"。在各帝国主义国家殖民政策的性质上，列宁总结出了两种殖民形式，即殖民、半殖民地形式和附属国形式。他说："这个时代的典型的国家形式不仅有两大类国家，即殖民地占有国和殖民地，而且有各种形式的附属国，它们在政治上、形式上是独立的，实际上却被金融和外交方面的依附关系的罗网缠绕着"。殖民地就如埃及，完全归英国管辖；附属国就如阿根廷，在政治上独立但在金融上依赖于英国，几乎可以成为英国的商业殖民地。在本章的最后，列宁再一次强调了帝国主义对利益的追逐必然导致其对殖民地扩张的狂热，势必引起帝国主义国家之间争夺殖民地的角逐和争斗，重新瓜分世界的过程就是帝国主义国家之间爆发战争的过程。

为了说明在垄断资本主义时期，主要帝国主义国家占领殖民地的一个显著特点，即"世界是第一次被分割完了"，列宁首先通过大量的、确凿的有关世界领土被瓜分的历史变化和殖民情况的现实材料进行实证分析并加以阐述。

帝国主义瓜分世界领土的进程。现实材料反映出，伴随着经济的不断扩张，英国、法国和德国在1815—1899年这段期间的殖民地面积也随之不断扩大。在1815—1830年期间，这三国的殖民地面积极少，甚至根本就没有。可是从1860年开始，英国和法国开始逐渐地、小范围地猎取海外殖民地。此时，欧洲资本主义已经进入了由自由竞争向生产垄断过渡的时期，资本主义的经济发展开始由自由贸易时代转向金融资本主义时代。生产和资本的高度集中与急剧扩张，使英国迫切需要大量的、廉价的原料和劳动力为其服务。因此，对作为原材料加工地和廉价劳动力市场的殖民地的需求不断上升，英国开始加紧夺取海外殖民地的行动。尤其到了 1880 年后，随着法国、德国等其他欧洲的老牌资本主义国家相继进入到了金融资本时代，自身发展的需要致使占领殖民地野心的膨胀，这 3 个国家在 19 世纪的后 20 年中，大量地、疯狂地争抢和掠夺殖民地，从而，掀起了夺取殖民地的帝国主义殖民浪潮，展开了瓜分世界领土的激烈斗争。到了 1899 年，这三国占有的殖民地面积以及控制的殖民地地区的人口几乎增长了 10 倍。19 世纪末期，在短短 10 年内欧洲帝国主义国家对外扩张而夺取到的殖民地领土以及控制的殖民地地区人口的数量已经相当惊人，与此同时，他们之间瓜分世界的斗争也相当尖锐。数据显示，英国夺得了 930 万平方英里的土地和 30 900 万人口，法国夺得了 360 万平方英里的土地和 5640 万人口，德国夺得了 100 万平方英里的土地和 1470 万人口，比利时夺得了 90 万平方英里的土地和 3000 万人口，葡萄牙夺得了 80 万平方英里的土地和 900 万人口。到了 20 世纪初，随着金融垄断统治从一国范围逐渐蔓延至整个资本主义世界范围时，金融资本的发展已经开始从国内转向国际。而一些新兴的帝国主义国家先后加入到了瓜分世界领土的队伍中来，随着世界领土被各列强的步步蚕食，到 1915 年，世界领土几乎被瓜分完毕。

根据上述材料，列宁提出了"两个事实问题"：第一个问题："殖民政策的加强、争夺殖民地的斗争的尖锐化是不是恰好在金融资本时代才出现的呢？"第二个问题："在这方面，现在世界分割的情形究竟怎样呢？"对这两个问题的回答，是研究金融资本的统治和帝国主义列强分割世界之间的关系前提。提出这两个问题的目的在于，说明资本主义不同时期的殖民政策有所不同，只有在垄断帝国主义时期，殖民政策和瓜分世界领土的激烈竞争才与金融资本有着直接的联系。也正是由于金融资本发展的要求，19世纪末才掀起了瓜分世界领土的狂潮和对殖民地政策的进一步加强。

帝国主义时期殖民政策的根源。列宁强调，在研究帝国主义问题时，必须注意社会经济形态的根本区别。在垄断资本主义时期到来以前的各个不同时期，都曾出现过帝国主义和殖民政策。例如，以奴隶制为基础的罗马时期，就曾实行帝国主义政策，推行殖民扩张，也占领过大面积的殖民地。但是，我们不能把产生在不同的历史时期、不同的社会制度下的殖民政策混为一谈。"'一般地'谈论帝国主义而忘记或忽视社会经济形态的根本区别，这样的议论必然会变成最空洞的废话或吹嘘。"从资产阶级意识形态发展变化上来看，在19世纪40—60年代，资本主义自由竞争最兴盛时期，如英国这样老牌的殖民国家掌握权柄的资产阶级政治家中也还有些人是反对殖民政策的。但是，到了19世纪末期，垄断资本取代了自由竞争占据统治地位之后，也就是资本主义发展成为帝国主义之后，资产阶级意识形态发生了变化，资产阶级政治家们改变了态度，开始公开鼓吹帝国主义、肆无忌惮地对外推行帝国主义殖民政策了。这种态度的变化具有深刻的根源。在自由竞争时期，英国的工业在世界上占有绝对优势，它的商品可以畅通无阻地销售于世界各地，因而它不需要通过垄断地占有殖民地来获得高额利润。资本主义进入垄断阶段后，不管从经济上还是从政治上看，殖民地都成了帝国主义生存和发展的必要条件。社会经济和政治条件发生了变化，必然导致这个社会的意识形态发生变化。列宁摘引了许多帝国主义时期资产阶级政治家曾经发表的言论，分析指出，他们之所以狂热地鼓吹资产阶级殖民主义，就是因为他们已经"清楚地知道最新帝国主义的所谓纯粹经济根源和社会政治根源之间的联系"了。

殖民政策属于上层建筑的内容，它是由这一时期的经济基础所决定的。不同社会经济制度下的殖民政策，具有不同的阶级内容，殖民地的意义也不相同。例如，在以奴隶制为基础的时期，推行殖民政策是目的在于能够保证奴隶主阶级可以从占领的殖民地那里获得源源不断的奴隶和财物；在资本主义自由竞争时期，推行殖民政策的目的在于殖民地能够为资本主义的发展提供廉价原料加工厂和广阔的商品倾销市场，从而获取更多的利润。但是，在资本主义进入帝国主义时期后，金融资本占据统治地位，帝国主义垄断的经济实质决定了这个时期殖民政策的本质和内容，即帝国主义推行殖民政策的目的在于为垄断资产阶级榨取高额垄断利润而服务。与此同时，在帝国主义时期，垄断和金融资本的统治使殖民地的意义发生了重大变化，殖民地不但成为其宗主国生存和发展的生命线，也成为其宗主国化解自身各种危机和矛盾的救命稻草。所以，列宁强调，帝国主义殖民政策和过去一切殖民政策有着"重大差别"。列宁从经济基础和上层建筑两个方面论述了这种"差别"的重要意义和作用，全面地说明了殖民政策的加强、争夺殖民地的斗争的尖锐化恰好是在金融资本时代才出现的。近代的几个最主要的殖民主义国家就是在这个时期形成起来的，他们对外推行殖民政策、瓜分世界的结果是各国占据了世界范围内未被占据的全部土地，其中少数几个最强的国家攫取了绝大部分殖民地领土。而这些殖民主义国家彼此之间，在各自拥有的殖民地领土面积和控制人口数量上存在的较大差别，也是由他们各自发展的不平衡所造成的不同经济条件所决定的。

殖民地、附属国对其宗主国具有十分重要的意义和作用。在经济上，殖民地能够为金融垄断的发展提供必须的原料的来源。帝国主义的最根本的特点就是生产的高度集中和垄断。生产的集中和垄断的程度越高，生产的规模就越大，需要的原料就越多，控制原料产地也就变得越发重要。帝国主义国家的发展需要的许多重要资源，特别是战略资源，如橡胶、石油、有色金属，稀有金属以及黄麻、棉花、羊毛等等，这些资源的全部或者大部分都来自于殖民地和半殖民地。据日本1971年10月发表的《资源自皮书》的统计，日本对包括铜、铅、锌、铝、镍、铁矿石、石油、原煤在内的10项主要资源，在1970年依赖外国的比率已为90%。垄断组织只有把原料产地牢牢地掌握在自己手里，才能保证自己在竞争中的绝对优势、打败对手。"当所有的原料来源都被霸占起来的时候，这种垄断组织就巩固无比了。"正因为垄断原料来源有如此重要的意义，那么，源源不断地获得垄断原料最可靠的办法就是占领殖民地，因此，殖民主义国家总是致力于占据更多的殖民地。但是，列宁指出，"资本主义愈发达，原料愈缺乏，竞争和追逐全世界原料来源的斗争愈尖锐，那么占据殖民地的斗争也就愈激烈。"

殖民地的"单一经济"政策。帝国主义国家在占领殖民地之后，迫使殖民地国家或者地区推行这样一种经济政策，即迫使他们按照垄断组织的需要去加工、生产一两种产品。进而形成了殖民地经济的单一化，并演变成为宗主国控制殖民地或者半殖民地的一个重要的经济基础。在这样的经济基础之下，殖民地不但成为宗主国廉价原料和劳动力来源地，而且成为帝国主义国家最有利的投资场所和商品倾销市场。殖民国家将在国内垄断统治下造成的大量的"过剩"资本，以资本输出的方式不断注入到殖民地，成为消化"过剩"资本，使"过剩"资本转化为更多利润的最佳手段。之所以会选择这种方式，是因为殖民地的地价、工资、原料等在价格方面都很低廉，更容易投资；殖民地经济政策和形式的决策往往受到宗主国的影响，甚至就掌握在宗主国的手中，那么，垄断组织就可以利用自身在殖民地的这种优势，更容易通过垄断的手段排挤其他国家的竞争者，使竞争者对这个殖民地所需要的原料都由自己来供应。据统计，到第二次世界大战之前，英国海外投资的50%都是在自己的殖民地进行的。直到现在，尽管世界范围内殖民地半殖民地相继摆脱了殖民统治，但是，在处在发展中的或者还很落后的亚非拉地区，仍然存在发达的资本主义国家的大量的资本投资。因为，这些地区在经济上的落后，使他们成为现代帝国主义原材料加工地、廉价劳动力来源地、资本投资和商品倾销市场。据美国商务部统计，1970年美国对外直接投资的平均利润率为13.1%，而在亚非拉地区投资的利润率则高达21%。在此意义上，列宁曾经指出的"资本输出的利益也同样地促进对殖民地的掠夺"，放在今天也仍然是正确的。

殖民地的政治作用。在政治上，由于金融资本已经确立起统治地位，促使帝国主义国家的各种矛盾都日益凸显和尖锐起来。资本主义社会矛盾，尤其是无产阶级反对垄断资产阶级的革命斗争空前高涨。为了摆脱政治困境和危机，维持金融资本的反动统治，争夺殖民地成为垄断资产阶级实现这一目的的重要手段之一。同时，在争夺和剥削殖民地的过程中，必然制造殖民地民族矛盾、激化民族仇恨和引起民族反抗斗争，这样一来，就可以在很大程度上转移国内阶级斗争的目标；资本家利用从殖民地掠夺而来的巨额利润的一部分，收买工人阶级中的少数上层分子，培养工人贵族，分化和瓦解工人队伍，分裂和破坏工人运动，以实现维护金融资本垄断统治的罪恶目的。另外，殖民地对于帝国主义国家来说还具有非常重要的军事意义。他们在殖民地那里可以掠夺到大量的战争物资，还可以在那里扩充兵源，等等。因此，帝国主义国家往往把殖民地建设成为自己的海外军事基地，为他们的战争政策和侵略政策服务。

正是因为上述殖民地对于帝国主义国家所具有的如此重要的作用，所以就引起了列强对殖民地疯狂的瓜分和激烈的争夺。其结果，造成了 20 世纪初期世界领土已被瓜分完毕的局面。列宁分析说："世界分割完毕是这个时期的特点"。在分析世界领土第一次被瓜分完毕的"现状"中，他还提到了两个特殊情况：一是某些小国家只有一部分成为殖民地，二是一些落后国家，如波斯、中国、土耳其等，没有沦为殖民地而只是成为了半殖民地国家。这种小国的小块殖民地和半殖民地国家必将成为重新分割的"最近目标"。另外，列宁还指出，"列强为了在经济上和政治上分割世界而斗争的国际政策，造成了许多过渡的国家的附属形式"即各种形式的附属国。它们在政治形式表面上是独立的，而在财政和外交方面却依赖于其他大国。列宁例举了两种附属国的形式，一种是政治上、形式上独立，而财政、外交被别国控制的国家，如阿根廷，一种是在帝国主义国家保护下的主权国家，如葡萄牙。而半殖民地国家，如波斯、中国、土耳其，则是介于殖民地和附属国之间的"典型的'中间'形式"。在帝国主义时代，这种大小国的关系，也是分割世界的全部关系中的一部分，是世界金融资本活动中的一个环节。

但是，列宁指出，"所谓完毕，并不是说不可能重新分割了，——恰巧相反，重新分割是可能的、不可避免的。"并在此基础上，他提出一个极其重要的论断："将来只有重新分割，也就是从一个'主人'转归另一个'主人'，而不是从无主的变为'有主的'"。而这种重新分割是"不可避免的"。世界领土被瓜分完毕，而且必将进行重新瓜分，这是过去从未有过的情况，"我们是处在一个全世界殖民政策的特殊时代"，以世界领土瓜分完毕和重新瓜分为标志的全世界殖民政策的特殊时代，正是金融资本统治的时代。关于帝国主义国家对世界领土的分割，也同样是以实力为基础的，当实力对比发生变化时，必然会引起重新瓜分世界的激烈斗争，最后只有诉诸武力，用战争来解决问题。在此，列宁根据帝国主义国家对世界领土的分割完毕和重新瓜分世界的必然性，阐明了帝国主义国家之间战争是不可避免的结论。这一结论是列宁关于帝国主义理论的重要组成部分。

《帝国主义论》的前6章，分别阐述了工业资本的垄断、银行资本的垄断、金融资本的统治是垄断的高级形式、国际卡特尔，揭露资本家集团垄断国际市场、国际垄断资本争夺世界霸权，重新划分势力范围，表现了垄断资本如何在国内国际建立统治，全面揭示了垄断的具体表现形式。最后，列宁用一句话进行了概括："帝国主义最深厚的经济基础就是垄断。"

第三章 帝国主义的科学定义

列宁在《帝国主义论》中，用了 6 个章节的篇幅来论述和分析了帝国主义的 5 个基本经济特征，说明了它们之间的内在联系和相互关系。在书中的第七章将前面的 5 个基本经济特征做了综合分析和总结，揭示了资本主义进入帝国主义的根源和本质是垄断，帝国主义的本质集中表现为 5 个基本经济特征，并在书的第八章和第十章通过对资本主义两个阶段，和其对工人阶级的分化的分析，得出帝国主义具有寄生性和腐朽性，是垂死的资本主义的论断。在此基础上，列宁从不同角度概括帝国主义，并给帝国主义下了 3 个科学定义。

第一节 帝国主义是资本主义的垄断阶段

在资本主义向帝国主义过渡的过程中，垄断逐步取代了自由竞争，成为资本主义的经济特性。自由竞争引起生产和资本的集中，而生产和资本的集中达到一定的、很高的程度，就会形成垄断。垄断的出现并没有改变资本主义经济制度的本质。资本主义商品生产、竞争、危机等资本主义的基本特性，到了帝国主义阶段仍然存在。"帝国主义是作为一般资本主义基本特性的发展和直接继续而成长起来的。"帝国主义并不是一个独立存在的社会经济制度，而是资本主义发展的一个新的阶段。同时，帝国主义和资本主义之间又存在着重大差别。列宁指出，在帝国主义阶段，"资本主义的某些基本特性开始变成自己的对立物，从资本主义到更高级的社会经济结构的那个过渡时期的特点，已经全面形成和暴露出来了"。这就是说，帝国主义不同于资本主义之处在于，在帝国主义阶段，资本主义的某些基本特性不只是发生了量的变化，而是出现了质的变化。在经济方面，最主要的表现就是自由竞争变成了它的对立物——垄断。这种质变，不是发生在所有基本特性上，而是发生在"某些基本特性"上，是部分的质变，因而资本主义的本质并没有发生变化。但是，既然发生了部分的质变，也就表明资本主义发展过程进入了另一个阶段。正是在这个意义上，列宁说："量转化为质，发达的资本主义转化为帝国主义。"列宁首先为帝国主义作出了一个简短的定义，即"帝国主义是资本主义的垄断阶段。"这个定义虽然简短，但是却包含着帝国主义"最主要的内容"，也就是帝国主义的特殊性就在于它是垄断的资本主义。一方面，突出了帝国主义的最根本的特点就是垄断性，是工业垄断资本与银行垄断资本相融合的金融资本的统治；另一方面，突出了帝国主义殖民政策的特点，就是与金融资本垄断统治相联系的，对世界范围内已经被大国瓜分完毕的领土实施垄断地占有。

列宁指出，垄断是资本主义社会一切矛盾的根源，在垄断统治基础上的帝国主义的寄生性和腐朽性促使资本主义的一切矛盾空前尖锐化。并在最后的第十章中论述了垄断的主要特征及垄断与各种矛盾之间的关系，以此来揭示垄断导致资本主义一切矛盾激化的原因。

首先，"垄断是从发展到极高阶段的生产集中成长起来的"，是在自由竞争的基础上，而且是从自由竞争中成长起来的。因此，垄断资本主义不可能向自由资本主义倒退。垄断与竞争的并存，"产生许多特别尖锐特别剧烈的矛盾、摩擦和冲突"，加剧了资本主义的基本矛盾，决定了垄断资本主义必然向更高级的社会制度过渡。

其次，垄断资本统治地位的加强，垄断组织对世界最重要的各种资源的瓜分，以及垄断利润分配的不均衡，不但加剧了垄断组织内部成员之间的矛盾，还加剧了垄断组织同非垄断组织之间、垄断资产阶级同一般资产阶级之间的矛盾。

再次，"金融寡头给现代资产阶级社会中所有一切经济机构和政治机构罩上了一层依赖关系的密网"。金融寡头对国内劳动人民的经济剥削和政治压迫，使帝国主义国家内部的阶级矛盾不断激化，阶级斗争日益尖锐，尤其使垄断资产阶级和无产阶级之间的斗争进入了空前激烈的阶段。

最后，"垄断是从殖民政策成长起来的。"对于帝国主义来说，殖民地具有特别重要的意义，因此，帝国主义国家的殖民政策对殖民地的剥削已经达到顶点，帝国主义国家同殖民地国家和人民之间的矛盾不断加深，而在争夺殖民地、瓜分世界的过程中，帝国主义国家之间的矛盾也在日益激化。尽管帝国主义国家曾经试图通过政策调整来缓解他们之间的矛盾，但是并没有从根本上解决这一问题。例如，19 世纪末，美国政府针对帝国主义列强掀起的瓜分中国的狂潮而提出的"门户开放政策"，主张列强在整个中国范围内（无论在中国内地或者沿海地区，也不论所属哪个列强的势力范围）的机会平等，应当利益均沾，都有权利进行贸易。美国提出这一政策的目的在于同其他帝国主义国家之间争夺殖民地利益，以一个大国角色向列强展示自己独立的对华政策，不再作为一个"配角"，而是更为积极活跃地参与帝国主义国家在中国的竞争和角逐，同时还能提高其在列强中的地位和声誉，扩大其在中国的影响力。尽管如此，这个门户开放政策的提出得到了帝国主义国家的承认甚至欢迎，因为当时他们为争夺在华利益已经相互抵触甚至头破血流，使得本已十分尖锐的矛盾进一步激化，而按照这一政策所主张的，列强从争夺在华利益转变成为在这一问题上的相互合作，实现了彼此在侵华步骤上的暂时一致，从而起到了缓解帝国主义列强之间矛盾的作用。但是，门户开放政策的约束力并不能阻止列强攫取殖民地利益的野心，随着俄国、日本等国对这一政策主旨精神的违反，门户开放政策宣告破产。正如列宁所指出的，当世界领土分割完毕时，"一个垄断地占有殖民地、因而使分割世界和重新分割世界的斗争特别尖锐起来的时代就不可避免地到来了。"事实也正是如此，帝国主义国家间很快就爆发了世界大战，而战争只能使帝国主义的各种矛盾进一步激化，从而加速了帝国主义的灭亡。

至此，列宁得出一个重要结论："这种矛盾的尖锐化，是从全世界金融资本取得最终胜利时开始的过渡历史时期的最强大的动力。"

帝国主义社会矛盾的发展必然引起深彻的社会革命，而社会革命是推动社会前进的原动力。在帝国主义的诸多矛盾中，无产阶级同资产阶级之间的矛盾、帝国主义国家之间的矛盾以及帝国主义同殖民地之间的矛盾是资本主义基本矛盾的具体表现，这三大矛盾的尖锐化决定了资本主义不可避免地向社会主义过渡。列宁指出："根据对帝国主义的经济实质的全部论述可以得出一个结论，即应当说帝国主义是过渡的资本主义，或者更确切些说，是垂死的资本主义。"这就是说，帝国主义垄断的经济实质决定了帝国主义是过渡的资本主义，是垂死的资本主义，帝国主义必然被社会主义所代替。

第二节　帝国主义是具备五大基本经济特征的资本主义

列宁给帝国主义下的第二个定义最为全面，囊括他在前文中总结的帝国主义的五大基本经济特征。这个定义是这样表述的："帝国主义是发展到垄断组织和金融资本的统治已经确立、资本输出具有突出意义、国际托拉斯开始瓜分世界、一些最大的资本主义国家已把世界全部领土瓜分完毕这一阶段的资本主义。"

这一定义完整地体现了前面6章中论述的帝国主义的五大经济特征，即帝国主义就是具备了五大经济特征的资本主义，同时，也是对第一个定义的具体化与补充。如果说第一个定义能够体现帝国主义的经济实质就是金融资本的垄断统治，那么，第二个定义则是以垄断为基础的不同表现形式的五大基本经济特征，作为帝国主义最深厚的经济基础的具体化的表述；同时，可以充分体现帝国主义各个极为重要的经济特征之间的相互影响、相互联系、相互促进的内在逻辑关系。可以认为，帝国主义就是具备了这五大基本经济特征的资本主义。表面上看这个定义似乎比较繁琐，实际上充分体现了帝国主义基本经济特征之间的、紧密的内在联系，不失为一个比较科学的、基本的、纯粹经济的概念。这个定义是对前 6 章内容的概括和总结，同时，也揭示出这 5 个特征内部的历史和逻辑的联系。随着生产的高度集中，垄断组织首先在工业部门中形成；工业生产的集中和垄断引起了银行资本的集中和垄断，从而使银行的作用发生了根本性的变化，促进了银行垄断资本与工业垄断资本的互相融合；在此基础上，形成了金融资本和金融寡头，伴随着金融资本和金融寡头在国内建立起经济上和政治上的统治，又将其统治向全世界范围扩展，妄图建立起国际统治；而这种国际统治赖以建立的基础手段就是资本输出；资本输出必然促使国际垄断同盟形成，并使其造成从经济上瓜分世界的事实；当国际垄断同盟完成经济上瓜分世界时，必然为攫取更大利益而向全世界推行殖民主义政策以获得更多的殖民地，从而又导致帝国主义列强对世界领土的瓜分；当列强分割世界完毕之后，各自获得利益与充实，这又将导致他们在新的力量对比基础上重新分割世界。由此，我们可以看出这个定义体现出了很大程度的完整性和连贯性，也反映出了资本主义过渡到帝国主义是一种从高到低、从简单到复杂的形成和发展的过程。因此，这 5 个特征缺一不可又具有不可颠倒的先后顺序，只有这样才能窥得帝国主义的真正面貌。

第三节　帝国主义是资本主义的特殊阶段

列宁指出，上述两个定义，仅仅"注意到基本的、纯粹经济的概念"，要是还注意到帝国主义在资本主义发展过程中的历史地位以及帝国主义与工人运动中的机会主义之间的关系，那么，就应该给帝国主义作出另外一个定义。列宁在 1916 年 12 月写的《帝国主义和社会主义运动中的分裂》一文中，对这个定义作了明确的表述："首先必须给帝国主义下一个尽量确切完备的定义。帝国主义是资本主义的特殊历史阶段。这种特殊性分 3 个方面：帝国主义是垄断的资本主义；帝国主义是寄生的或腐朽的资本主义；帝国主义是垂死的资本主义。"因此，从列宁的这一表述中，可以得出关于帝国主义的第三个定义：帝国主义是资本主义发展中的一个特殊阶段，是过渡的资本主义。

这个定义中列宁所指出的 3 个特点是环环相扣的，垄断统治是帝国主义时代一切社会现象的总根源。帝国主义的寄生性和腐朽性也是由垄断引起和决定的，正因为帝国主义具有的这种寄生性和腐朽性，才决定了帝国主义对自身矛盾的不可克服，只能通过无产阶级革命推翻资产阶级的帝国主义统治，实现共产主义才能解决所有矛盾。因此，帝国主义成为了资本主义向共产主义过渡的阶段，是垂死的资本主义。

帝国主义是垄断的资本主义。在第一个定义中，列宁已经指出了帝国主义的最重要的定义和特征，就是垄断统治。它决定了帝国主义的历史地位，"帝国主义是垄断的资本主义，是资本主义的最高阶段"。垄断是从资本主义经济结构由低级向高级过渡的阶段，也是资本主义向社会主义变革的经济基础。帝国主义的垄断经济发展及其经济制度转变，使资本主义社会及其国家间的一切矛盾都尖锐化，并且这些矛盾在资本主义范畴中是无法解决的。因此，垄断也成为社会主义革命的客观前提，推动了帝国主义向社会主义过渡。

帝国主义是寄生的或腐朽的资本主义。列宁认为，帝国主义阶段的另一个非常重要的特征，就是帝国主义所特有的寄生性和腐朽性，突出地表明了资本主义生产关系已严重地阻碍着生产力的发展，深刻地反映出帝国主义和机会主义之间的内在联系，揭示出它是国际工人运动产生分裂和机会主义蔓延的经济根源。因此，列宁认为，这是帝国主义的一个"非常重要的方面"。列宁在《帝国主义论》一书的第十章中说道："垄断，寡头统治，统治趋向代替了自由趋向，极少数最富强的国家剥削愈来愈多的弱小国家，——这一切产生了帝国主义的这样一些特点，这些特点使人必须说帝国主义是寄生的或腐朽的资本主义。"在第八章中集中论述资本主义的寄生性和腐朽性。

帝国主义的寄生性和腐朽性首先表现在垄断对技术进步的阻碍上。列宁指出："在规定了（即使是暂时地）垄断价格的范围内，技术进步因而也是其他一切进步的动因，前进的动因，就在一定程度上消失了。"在自由竞争时期，资本家要获得比平均利润还要多的超额利润，要在竞争中站稳脚跟，唯一的办法就是不断改进技术，降低成本，使产品的个别价值低于社会价值。但是，在垄断阶段，金融寡头的统治地位可以根据自身的需要制定垄断价格，并不需要借助于生产技术的提高就能够获得高额的垄断利润；几个最大的帝国主义国家已经瓜分了世界上最广大、最富饶的土地作为自己的殖民地，他们即使不追求技术的更新，也可以从殖民地那里掠夺来大量的财富装满自己的荷包。因此，通过技术革新推动生产力进步的动力，在垄断统治之下极大地被削弱了，垄断者开始关心如何来巩固这种垄断的统治，而不是努力去改进生产所需的技术，而且，出于垄断需要，很可能人为地阻碍技术的进步。而在自由竞争时期，虽然新技术的采用也会受到资本主义生产关系的限制，例如，那些能节省劳动力、减轻劳动强度但不能带来超额利润的新技术就不会被采用，但是，那时还不至于存在人为地阻碍技术进步的严重情况。到了帝国主义阶段，垄断组织手中掌握的资源中，除了资本、生产和原料意外，还有科研机构。我们知道，科研机构是新的技术工艺、新的发明和专利诞生的场所，垄断组织对科学研究工作的控制，完全可能根据自身需要而去阻碍新技术在生产中应用和推广，以新技术为基础的新兴产业部门的发展必将受到巨大影响。垄断组织不仅有可能而且也有必要阻碍技术进步。因为采用新技术，会使原有固定资本贬值，会增加产品，以致供过于求，使垄断价格难于维持，并使企业更加开工不足。列宁就举出了一个德国制瓶业的例子来说明这个问题。美国人欧文斯发明的新制瓶机，能够引起制瓶业的技术革新，但这项发明专利权被德国制瓶场主购买并束之高阁，明显的阻碍了这个行业中的技术进步。原子能的利用也是个鲜明的例证。原子能的发现是一项伟大的科学成就，但是，它除了被帝国主义用作杀人武器外，长期得不到广泛利用。二十世纪中期，美国用原子能发电还不到美国动力能源的1%，根本原因就是有于美国垄断组织为了保持他们控制的石油、天然气、煤炭的垄断价格，而阻止研究和利用原子能作为动力能源。到了 20 世纪 90 年代，由于从中东等产油国进口石油愈来愈困难，而且国内石油日趋枯竭，垄断组织才开始考虑用原子能发电问题。

帝国主义的寄生性和腐朽性与垄断有着直接的联系，垄断是寄生性和腐朽性的基础。列宁指出："帝国主义最深厚的经济基础就是垄断"，……"这种垄断也同任何垄断一样，必然要引起停滞和腐朽的趋向。"他还通过列举制瓶机的例子说明了这一表现。由此可见，技术进步动力的消失、人为阻碍社会生产力进步和科学技术水平提高的现象，并不是在资本主义发展的任何时期都存在的，而是资本主义发展到帝国主义这一特殊阶段后所特有的现象。这种现象也充分表明了资本主义生产关系已经不再是社会生产力发展的推动力量，而是变成了社会生产力发展的阻碍力量，这正是帝国主义腐朽和停滞的根源所在。

食利者和食利国的发展。帝国主义的寄生性和腐朽性的另一表现在于，少数帝国主义国家只要利用手中掌握的大量货币资金进行资本输出便可获取高额利润，逐渐形成了与生产完全相脱离的食利者阶层。他们像寄生虫一样吸附在海外国家和殖民地身上，贪婪地吸收他们的养分。对帝国主义国家来说，金融垄断和金融寡头，使得一个国家完全可以成为食利国，到处弥漫着寄生性的味道。他们自己不用进行其他创新，完全靠着金融就可以支撑着自己的发展，此时的资本主义已成为少数发达的资本主义国家对世界上绝大多数国家和地区的居民实行殖民压迫和金融扼杀的世界体系。因此，在这种情况下，在这些实力雄厚国家的腐朽上面，又给帝国主义打上了一个寄生的烙印。所以，因为他完全可以提供金融支撑就可以了。

我们以美国为例简要说明。当代帝国主义条件下的金融业爆炸性发展，使得美国股息占总利润的比例，从 1979 年的 22.8% 增长到 2008 年的 44.3%。不到 30 年中股息占总利润的比例几乎翻了一番，不难设想食利者阶层的人数也必然大大增加。与之相联系的美国经济"空心化"，也是帝国主义寄生性和腐朽性的表现。美国成为全球最大的剥削者、搭便车者。众所周知，长期以来美国人不储蓄，而是用自己的钱投资基金股票债券不动产来赢利，美国政府通过向外国发行债券为本国赤字和投资融资，美国向世界经济体系无限制地输出美元纸币，并吸收世界各国的商品出口，以此维持国内的高消费水平。美国财政部发行的债券总额大大超过了美国政府的偿还能力，美国也已经公开表示它不会清偿这些债券。这种美元霸权条件下形成的帝国主义，是美国的帝国主义"创新"，是将帝国主义的寄生性、腐朽性发展到极致的表现。与之相联系的美国经济"空心化"，也是帝国主义寄生性和腐朽性的表现。

食利者阶层的大大增加，是资产阶级寄生性在帝国主义时期进一步发展的突出表现。资产阶级的本性就是依靠剥削和占有劳动者阶层的剩余价值和劳动成果过着寄生生活。但是，在自由竞争的资本主义时期，资本家曾经还积极地参与生产的经营、管理、流通等环节，通过参加企业活动掌握和管理自己企业的生产、经营状况。而到了帝国主义阶段，越来越多的资本家完全与生产和管理环节想脱离，成为"以'剪息票'为生、根本不做任何事情、终日游手好闲的食利者阶级，确切些说，食利者阶层"。靠"剪息票"为生的"食利者"，也就是依靠债券、存款利息和股票股息为生的人群，他们已经完全脱离生产劳动，这种情况表明资产阶级已经结束了它在促进生产力发展中的进步作用，而成为社会多余的、无用的寄生虫。

列宁指出，帝国主义时代，食利者阶层大大增加，是由于"货币资本大多积聚于少数国家"而引起的。金融寡头掌握着巨额资本，一般表现为各种有价证券，例如股票、债券等的金融资本，但持有这些企业股票的资本家，并不参与企业的经营管理。对这些企业和垄断组织拥有控制权的金融寡头并不过问企业的生产状况，只将企业的生产、管理事务委托给职业经理负责，他们只关心使用何种手段能将竞争对手击垮，并无限制的扩充自己的势力，企图吞并或搞垮一切妨碍自己食利的企业和组织，他们终日寄生于这种钱生钱的游戏中。金融经济发展的越快越广，这种彻底脱离生产，靠"剪息票"而过着骄奢淫逸的寄生生活的食利者就越多。列宁指出：19 世纪末，英国食利者阶层已有约 100 万人。1865—1898 年，英国国民收入大约增加了一倍，而同期资本输出的收入却增加了 8 倍。美国的红利和个人利息收入，1950 年为 195 亿美元，1963 年增至 503 亿美元，1970 年已高达 897 亿美元。

在帝国主义时期，不仅资产阶级成为食利者，而且一些资产阶级国家也成了食利国。"帝国主义最重要的经济基础之一——资本输出，……给那种靠剥削几个海外国家和殖民地的劳动为生的国家打上了寄生的烙印。"少数最富裕的国家，例如，当时的英国、法国、德国、比利时、瑞士、荷兰以及美国等，通过输出大量资本，从殖民地和其他国家人民身上榨取到巨额收入，成为了食利国。这种食利收入在整个国民经济中的相对意义越来越大。列宁指出，商业最发达的英国靠输出资本的收入竟比对外贸易的收入高 4 倍，这充分表现了帝国主义和帝国主义寄生性的实质。这些"专靠'剪息票'来掠夺全世界"的国家，也就成了食利国。

随着少数食利国的形成，世界上出现了少数债权国和大多数债务国。列宁通过引用舒尔采-格弗尼茨的言论（舒尔采-格弗尼茨在1906年出版的《20世纪初的不列颠帝国主义和英国自由贸易》一书中写道："南美，特别是阿根廷，在金融上如此依附于伦敦，应当说是几乎成了英国的商业殖民地。"），揭示了这两种国家之间的关系，是奴役与被奴役、剥削与被剥削的关系。列宁关于食利国、债权国问题的分析，进一步揭露了帝国主义与殖民地、附属国人民之间的对抗性的矛盾。

帝国主义的腐朽性还表现为政治上的全面反动。列宁在《帝国主义和社会主义运动中的分裂》一文中进一步指出，"金融资本和垄断到处都带有统治的趋向而不是自由的趋向。这种统治趋势的结果，就是在一切政治制度下都发生全面的反动"。他把帝国主义在政治上的全面反动认定为帝国主义的特性，同时也是帝国主义寄生性和腐朽的表现之一。

在自由资本主义阶段，同经济上的自由竞争相适应，资本主义国家在政治上还存在着所谓的民主和自由，因为这种民主和自由只属于资产阶级。到了帝国主义阶段，资产阶级在经济上的垄断统治，使国内外各种矛盾日益激化，于是在政治上也就必然走向全面反动。金融寡头为了维持垄断统治，控制国家政权，便加强国家政权的官僚军事机构功能，对内依靠暴力手段镇压人民群众的革命运动，对外实行侵略政策和战争政策，镇压殖民地民族解放运动，并且同其他帝国主义国家进行重新瓜分世界的剧烈斗争。帝国主义国家在政治上全面反动的最露骨、最突出的表现是：第一次世界大战前德、日等国的军国主义化，以及战后德、日法西斯的独裁统治和第二次大战以后美国等国的霸权统治。帝国主义在政治上的全面反动，说明他们已经不能用"民主的"形式来维护自己的统治，而妄图从恐怖的统治方法中寻找出路。

列宁在对帝国主义寄生性和腐朽性的分析中，指出了另外一个重要问题，就是这种腐朽性对这些国家社会政治条件的作用，和其对工人运动的影响。在食利国形成情况下，不可能不影响到这种国家政治、社会生活的各个方面，必然引起全面的寄生和腐朽，并特别强调帝国主义寄生性和腐朽性在这个方面的具体表现就是机会主义的产生，从而，说明了帝国主义同机会主义之间的必然联系。

帝国主义寄生性对社会政治条件的影响。关于这一问题，列宁几乎全部是通过引用资产阶级学者的话语来说明的。从霍布森关于分割中国的前景和建立欧洲联邦的前途的描述中可以看出，为食利者寄生生活服务的非生产人员大量增加。舒尔采－格弗尼茨也对此抱有同样的观点。在英国，随着食利者阶层的增加和食利收入的扩大，越来越多的土地成了专供富人作乐的场所，越来越多的生产者脱离了生产部门。英国主要工业部门的工人人数在人口总数中所占的比例，从1851的23%，下降到1901年的15%。美国国民经济各部门中非生产人员所占的比重，1950年为43.4%，1970年增长为57.7%。同期，生产人员的比重却由56.6%降至42.3%。物质资料的生产是人类社会生存的基础。大量的人不创造物质财富而靠消耗别人创造的物质财富来生活，反映了这个社会的腐朽没落。

帝国主义寄生性对工人运动的影响。关于这一问题，列宁认为是分析帝国主义寄生性和腐朽性的一个重要问题，并在第八章中作出了较为细致的分析。

在工人运动中，一直存在着马克思主义和机会主义两条路线、两个派别的斗争。资本主义进入帝国主义阶段后，这一斗争出现了一个新现象，就是整个工人运动发生了国际性的分裂，或者说，机会主义成了国际思潮。列宁通过对帝国主义寄生性和腐朽性的分析，揭示了机会主义得以泛滥的经济根源及其经济基础和社会基础。

在帝国主义阶段，各种矛盾日益尖锐，工人运动空前高涨，直接动摇着帝国主义的统治基础。垄断资产阶级不得不依靠收买工人贵族，培植机会主义，分裂工人运动，来维护腐朽没落的资本主义制度。在书中列宁引用了霍布森的大段言论，来分析资产阶级对工人阶级的收买问题。霍布森描述了金融资本与资产阶级政府勾结在一起，依靠政府定货，特别是军事定货获得巨额利润的情形，并谈到"同一动机也影响到了工人中间的特殊阶层"。霍布森在叙述"经济寄生性"时，还提到统治阶级通过占领殖民地达到发财致富的目的，以及"收买本国下层阶级，使也们安分守己"的情形。这透露了收买部分工人，是垄断资产阶级妄图破坏无产阶级革命，维护其统治和缓解阶级矛盾的一个重要政策。霍布森的这些论述，看到了帝国主义和机会主义之间的关系，但他还没有触及到机会主义的经济根源，即垄断的高额利润。

列宁指出："帝国主义有一种趋势，就是在工人中间也造成一些特权阶层，并且使他们脱离广大的无产阶级群众。"工人贵族指的是19 世纪中后期资本主义通过提高部分工人薪资待遇而在经济状况上有了很大改善的少部分工人，一般为从事技术和管理的高级工人。

工人贵族是被垄断资本收买的无产阶级上层，垄断资本用剥削底层工人和殖民地得来的巨额垄断利润，为这种收买提供了经济上的可能性。列宁还根据资产阶级书刊提供的材料，揭示出帝国主义国家把最繁重的体力劳动和工资最低的工作交给从落后国家移民来的工人，说明垄断资产阶级还用加重剥削外国籍工人的办法来培植本国的工人贵族，分裂工人队伍。工人贵族的出现，帝国主义时期在工人阶层和工人运动中机会主义泛滥的直接原因，分化了无产阶级工人阵营，使工人运动和无产阶级革命更加复杂和艰难。

　　帝国主义是垂死的资本主义。列宁特别着重分析了资本主义社会的基本矛盾和三大具体矛盾，尽管这些特征交织在一起，显得有些纷繁复杂，但是，这些现象的背后是一个清晰的事实：生产社会化必然要求社会经济有组织、有秩序地整体协调发展，而垄断资本对社会经济的统治使自由竞争时期社会生产的无政府状态变得更加混乱。这些矛盾不断加深的突出表现就是资本主义世界经济危机周期性地频繁出现，足以证明"私有经济关系和私有制关系已经变成与内容不相适应的外壳了"。生产关系正在变化，去努力适应生产社会化、生产力发展的需要。在生产关系必须适应生产力发展的客观规律下，无论资产阶级如何拼命维护这层"外壳"，它的最终被剥掉、被消灭也只是时间上的问题。帝国主义三大矛盾的尖锐化，从根本上动摇了资本主义统治的基础。人为地拖延可能使资本主义生产关系继续维持一段很长的时间，但不可避免最终走向灭亡的历史命运。帝国主义是无产阶级社会革命的前夜。无产阶级革命即将到来，敲响资本主义私有制的丧钟，剥夺者终将被剥夺。

另外，帝国主义的寄生性和腐朽性削弱了自身的力量。从原著引用的霍布森的言论中我们可以看出，一方面，资产阶级靠资本输出的收入过寄生生活。大量资本输出，延缓了帝国主义国内工业的发展，在客观上加速了殖民地资本主义的发展，加深了各种矛盾，为这些国家的解放准备了物质条件和精神条件，因而削弱了帝国主义的力量。关于这点，舒尔采－格弗尼茨也谈到，欧洲资产阶级安心地过食利者生活，把体力劳动推给殖民地人民，"这样就为红种人和黑人的经济解放以及后来的政治解放做好了准备"。另一方面，用附属国人民编成军队，征服殖民地。这样做不仅削弱了帝国主义的军事力量，而且必然会促使殖民地人民的觉醒，调转枪口对准帝国主义。所以站在资产阶级立场上的霍布森认为，这是犯了"帝国主义盲目症"。帝国主义寄生性对社会政治条件的这些影响，表明帝国主义为自己创造了灭亡的条件。

更重要的是，在帝国主义阶段，建立"更高级的社会经济结构"即社会主义经济制度的一切条件已经成熟。垄断使生产和资本的集中达到了很高的程度，加剧了资本主义的基本矛盾。这表明建立生产资料公有制的物质条件已经成熟，而且也只有这样才能解决这一矛盾。同时，垄断以及垄断与竞争的并存，如前面分析的那样，使资本主义社会一切固有的矛盾发展到空前尖锐的程度，使无产阶级革命形势日趋成熟。资本主义已经结束了向上发展的阶段，而进入没落、垂死的阶段。列宁指出，20世纪初垄断统治的形成以及由此产生的各种矛盾的尖锐化，使世界历史进入了一个崭新的时代。虽然帝国主义是垂死的、终将灭亡的资本主义，但是，这并不意味着帝国主义能够自然消亡，也不意味着它会很快地消亡。只能通过无产阶级对资产阶级发动的暴力革命，经过长期斗争的过程，从根本上消灭资本主义私有制，将资产阶级赶出历史的舞台。

19世纪末至20世纪初，随着资本主义自由竞争为垄断所替代，世界进入了帝国主义时代。资本主义国家经济政治发展不平衡的规律导致帝国主义国家之间为争夺原材料产地、世界市场、投资场所而矛盾重重，最终以发动战争的方式来获取利益以满足自身需求，并为实现自身利益的最大化而企图重新瓜分世界。历时4年零3个月的起自欧洲但波及整个世界的第一次世界大战，使俄国爆发了无产阶级革命，即十月革命，并建立了世界上第一个社会主义国家——苏联。至此，验证了列宁在文章《论欧洲联邦口号》（1915）中提出的“社会主义可能首先在少数或者甚至在单独一个资本主义国家内获得胜利”这一论断的科学性和正确性。20世纪上半期，战争与革命是那个时代的主题和基本特征。在这一时期，整个世界都处于剧烈的动荡之中，战争与革命相互交织在一起。第二次世界大战爆发之前，资本主义国家内部社会矛盾空前尖锐，经济危机和社会危机层出不穷，工人运动和武装起义此起彼伏；帝国主义国家之间的矛盾仍然继续发展并愈发深刻而凸显。终于在帝国主义国家的内外矛盾无法调和之时爆发了历时6年多的至今为止人类历史上规模最大的世界性战争。这场人类社会发展过程中的空前浩劫，无论从经历时间的长度、参战国家的数量、波及地区的范围，还是从卷入战争、死伤人口的数量来看，整体的规模和影响都比一战大得多。而在二战后的争取民族解放和人民革命运动的浪潮中，一系列国家和地区相继获得自由和独立，其中一部分国家走上了苏联式的社会主义道路，中国便是在这一时期建立的社会主义制度。可以说，这是社会主义在世界范围内取得的空前胜利，就此实现了社会主义由一国到多国的发展。历史的实践证明，帝国主义战争是不可避免的，帝国主义战争必然引起革命，无产阶级正是充分利用了世界大战造成的有利于革命的形势，才实现了社会主义在世界范围内的胜利和发展，从而使世界历史进入了资本主义和社会主义并存发展的时代。然而，正如列宁所指出的那样，虽然我们坚信帝国主义必然为社会主义所替代，但是，这并不意味着世界范围内的所有帝国主义一次性全部被消灭，更加现实的是，社会主义革命首先突破帝国主义世界体系中的薄弱环节，而在一个国家或者几个国家取得对帝国主义斗争的胜利。

列宁的第三个关于帝国主义的定义不仅展现了帝国主义的经济实质，同时也揭示出帝国主义政治上的、社会意义上的一般特征以及它在资本主义发展史上所处的地位。而对于列宁在这一定义中强调的特殊性的 3 个方面，他又在第十章中重申并加以详细阐述。另外，在论证这 3 个定义的同时，展开了对考茨基关于帝国主义的"定义"以及他的"超帝国主义"论的批判，而对于后者，列宁专门在第九章中加以详细论述。

列宁对帝国主义作出的 3 个定义，准确地分析了帝国主义的基本特征、内部和外部矛盾以及它们对无产阶级革命的影响。指明了帝国主义向共产主义过渡的历史必然性和无产阶级采取暴力手段夺取胜利的必要性。为后来的俄国十月革命和社会主义革命的胜利指明了方向，为社会主义的发展奠定了深厚的理论基础。

第四节　帝国主义的历史地位

在第十章中，列宁首先明确对帝国主义的批评是广义的批评，针对的"是指社会各个阶级根据自己的一般意识形态对帝国主义政策所采取的态度"。还指出，对帝国主义的批评过程中需要解决的一系列根本性问题是，"能不能用改良主义的方法改变帝国主义的基础？是前进，去进一步加剧和加深帝国主义所产生的种种矛盾呢？还是后退，去缓和这些矛盾？"按照这样的思路，列宁运用实证的研究方法，对这些问题逐一作出科学的解答。他在文中分析了资本主义社会各阶层对帝国主义政策的基本态度，批判了资产阶级和小资产阶级的改良主义的错误观点，特别着重地揭露和批判了考茨基的"超帝国主义"论的谬误与反动实质，进一步揭示帝国主义的本质和矛盾。

列宁在分析帝国主义对社会各个阶级在意识形态方面的深刻影响的基础上，分析了小资产阶级在帝国主义发展的过程中对帝国主义的态度或评价发生变化的根本原因，并以美国、英国、德国等国家的小资产阶级对帝国主义的"批评"为例证，充分说明他们的所谓批评，并不是站在被压迫者的立场之上作出的，也没有真正触及帝国主义的本质和基础，因此，他们对帝国主义的批评始终是、也只能是一种"天真的愿望"。而这种在帝国主义制度下获得永久和平的天真的幻想，恰恰起到了转移人们追溯帝国主义罪恶根源的视线的作用，起到了缓和人们同帝国主义之间深刻矛盾的作用，反而为资产者服务了。

在列宁所批判的形形色色的对帝国主义批评的错误的观点中，着重分析和批判了考茨基关于帝国主义的理论的谬误，并对其理论的危害作出彻底揭示。其实，对于考茨基主义观点的批判，贯穿于列宁这部著作的始终，对帝国主义本质和经济特征等相关分析论证都是批判考茨基帝国主义理论的有力证据，只不过，列宁有针对性地在第七章和第九章中，对其作出更为详尽、系统地批判。一方面，列宁批判了考茨基对帝国主义的所谓"批评"，认为他的"这种批评恰恰回避和掩饰了帝国主义最深刻、最根本的矛盾"；另一方面，针对考茨基的"超帝国主义"论，也给以有力回击，指出："考茨基以及考茨基主义这一广泛的国际思潮背离马克思主义的地方，就在于考茨基不仅没有设法、没有能够使自己同这个经济上根本反动的小资产阶级改良主义反对派对立起来，反而在实践上和它同流合污。"考茨基的观点在骨子里仍然是改良主义的，谬误之处在于忽略了帝国主义产生的历史必然性，而它的危害之处则在于帮助美化帝国主义，掩盖帝国主义最深刻的矛盾和政治上全面反动的实质。经过对考茨基及其帝国主义理论的批判，进一步揭露了帝国主义的反动本质；同时，表明了无产阶级必须同机会主义进行彻底决裂和斗争，坚决反对后退，坚持革命到底，并付诸积极的努力将历史向前推进。

列宁阐明了帝国主义的历史地位，即"帝国主义是过渡的资本主义，或者更确切些说，是垂死的资本主义"，是无产阶级社会主义革命的前夜，并以此重要论断作为全书的总结。

帝国主义的历史地位是由它的经济实质所决定的，即帝国主义是垄断的资本主义，是资本主义发展的最高阶段，是一个过渡的历史时期。在这一时期，资本主义的一切矛盾变得尖锐化，而"这种矛盾的尖锐化，是从世界金融资本取得最终胜利开始的这一过渡历史时期的最强大的动力"。这也就是说，各种无法得到解决的矛盾必然使"资本主义社会经济结构向更高级的结构"过渡，是推动帝国主义朝向社会主义过渡的最强大的动力。对此，列宁指出："那就看得很清楚，……私有经济关系和私有制关系已经变成与内容不相适应的外壳了，如果人为地拖延消灭这个外壳的日子，那它就必然要腐烂，——它可能在腐烂状态中保持一个比较长的时间（在机会主义的脓疮迟迟不能治好的最坏情况下），但终究不可避免地要被消灭"。此时，卡尔·马克思在其《资本论》中的预言便成为了现实，资本主义私有制的丧钟敲响了，剥夺者就要被剥夺了。因此，帝国主义不仅是过渡的资本主义，也是垂死的资本主义，是无产阶级社会主义革命的前夜。

另外，在本章中，列宁再次对机会主义作出了批判。在概括第八章中关于机会主义产生的经济、社会基础的前提下，分析了机会主义同帝国主义之间的联系，而这种联系，恰恰被考茨基之流所否认。对此，列宁进行了严厉的批评，他认为这是一种"官场的乐观主义"，"这是对机会主义的乐观主义，这是用来掩护机会主义的乐观主义"。进而，列宁明确提出了无产阶级政党对待机会主义应该具有的态度，即"反对帝国主义的斗争，如果不同反对机会主义的斗争密切联系起来，就是空话和谎言"。

第四章 对"考茨基主义"的批判

在列宁《帝国主义是资本主义的最高阶段》一书中，自始至终都贯穿着对"考茨基主义"谬论的批判，成为这部著作中的重要组成部分。他在该书第七章中给帝国主义作出科学定义的同时，严厉地批判了考茨基给帝国主义所下的所谓的"定义"。列宁以科学、细致、认真的态度，对考茨基关于帝国主义的"定义"作出逐字逐句地研究与分析，指出并论证其谬误所在，以此来证明这种"定义"给人民群众正确认识帝国主义以及国际共产主义运动带来的巨大危害。另外，考茨基在这个"定义"的基础上，还提出了一个所谓的"超帝国主义"论，列宁同样对他的这种谬论进行了严厉批判。为了彻底清算"考茨基主义"，在第七章的基础上，又专门在第九章中，更加详细地、彻底地批判了"考茨基主义"。本书经过对原文内容的整合，将列宁关于批判"考茨基主义"的内容统一起来，展现在读者面前。

第一节 对考茨基关于帝国主义"定义"的批判

考茨基是一个什么样的人？为什么列宁要对他的观点和论断作出批判？首先，让我们大致了解一下这个人物。考茨基，全名卡尔·约翰·考茨基，著名的社会民主主义活动家，他也是马克思主义发展史中的一位重要人物，曾经为马克思《资本论》第四卷作出通俗的论述，并受到恩格斯的肯定和赞扬，成为著名的马克思主义理论权威人士。1914 年之后，逐渐背离了马克思主义，沦为机会主义者，成为第二国际机会主义思潮的代表人物之一。这种思潮严重分裂了国际工人运动，抹杀无产阶级同资产阶级之间的区别，掩盖资本主义的腐朽本质，幻想在资本主义的框架下实现永久的和平。列宁曾经说，这种思想"是根本要不得的"，并在资本主义发展到新的阶段与世界无产阶级革命时代需要的背景下，同这种机会主义思想积极开展了一场理论斗争。

1914 年，考茨基在自己作为主编的德国社会民主党的理论刊物《新时代》杂志上发表文章，并提出了他所谓的关于帝国主义的"定义"，他认为不应当把帝国主义理解为一个经济上的"时期"或者"阶段"，而应当将它理解为金融资本"情愿采取"的一种"政策"。因此，不应当在帝国主义和现代资本主义之间划等号。基于这样的思想，他对帝国主义的"定义"说："帝国主义是高度发达的工业资本主义的产物。帝国主义就是每个工业资本主义民族力图吞并或征服愈来愈多的农业区域，而不管那里居住的是什么民族。"

列宁从 3 个方面论证了考茨基的帝国主义"定义"的错误之处。

首先，从政治的角度来看，这一"定义"对于帝国主义在政治方面的描述仅仅是"力图兼并"，并强调只是一个民族问题，把兼并其他民族视为帝国主义的全部内容，而忽略了帝国主义在政治上的表现是力图使用暴力和实际行动；不仅对"农业区域"，而且对"工业极发达的区域"也力图兼并。事实上，世界各帝国主义国家在政治上表现为对内极力强化国家机器、实行残酷镇压；对外广泛推行战争政策、实行武力征服的全面反动。从某种意义上说，考茨基注意到了民族问题的重要性，但是只强调民族问题就显得过于片面。它仅仅是帝国主义对外政策的一个方面，忽略了帝国主义国家之间，为了重新瓜分世界领土争夺霸权所采取的侵略、扩张的战争、殖民政策，掩盖了帝国主义战争的反动实质；同时，抹去了帝国主义对内政策及国家内部的基本矛盾，尤其是垄断资产阶级和无产阶级之间的阶级矛盾，企图抹杀帝国主义对无产阶级和广大劳动人民实施暴力镇压所犯下的滔天罪行。

其次，从经济的角度来看，这个"定义"错误地认为帝国主义是工业资本高度发展的产物。列宁指出：帝国主义最本质的特点，"恰好不是工业资本而是金融资本"。正是由于金融资本的垄断统治，才使帝国主义极力采取殖民扩张政策，在满足自身利益需求的同时，打击和削弱对手，破坏和减少对手在世界霸权中的基础和分量。我们知道，经济基础决定上层建筑，上层建筑又反映着经济基础。在一定的经济基础之上，会产生与其相适应的有关政治、法律、哲学、宗教等方面的观点，以及适合这些观点的政治、法律等制度；而一定的制度、政策同时也必然是相应的经济基础的反映。简单的说就是，有什么样的经济基础，就有什么样的政策。因此，帝国主义在政治上采取全面反动的政策，必然是金融资本垄断统治的结果。也就是说，只要金融资本垄断统治仍然存在，那么，帝国主义就绝对不会改变其反动政策。要想结束帝国主义给世界广大人民带来的巨大灾难，只能通过全世界无产阶级和劳动者必须联合起来发动的社会革命，战胜帝国主义、取得共产主义的胜利。

再次，这个"定义"不仅是错误的，而且是非马克思主义的，沦为宣扬资产阶级改良主义与和平主义的工具。考茨基将帝国主义归结为根据其"喜好"而"自由选择"的、"随意更改"的一种政策，而不是资本主义生存和发展所必需的一个"阶段"；将帝国主义政治与经济割裂开来，认为帝国主义只是资本主义现代发展过程中所采取的政策形式之一，似乎在让人们相信在这种经济基础之上，还存在着可以选择的、非暴力的、和平的其他政策形式；表面上是在反对帝国主义，而实际上是在误导人们，企图让人们去同帝国主义政策作斗争，而不去触动这种反动政策赖以存在的经济基础。

考茨基与霍布森"定义"的比较。列宁把考茨基的"定义"与霍布森在1902年《帝国主义》一书中关于帝国主义的定义作出了比较，认为考茨基标榜自己在维护马克思主义，可是比起社会自由主义者霍布森的定义来，他的"定义"也是一种退步。霍布森在书中谈到帝国主义时说："新帝国主义和老帝国主义不动的地方在于：第一，一个日益强盛的帝国的野心，被几个互相竞争的帝国的理论和实践所代替，其中每个帝国都同样渴望政治扩张和贪图商业利益；第二，金融利益或投资利益统治着商业利益。"尽管主张政府应当利用其掌握的权力来改善社会福利的霍布森是一位社会自由主义者，但是起码他还是比较正确地指出了现代帝国主义形成的原因在于经济而非政治和军事；现代帝国主义的两个具体的时代特征，即几个帝国主义相互竞争和金融家比商人占优势。考茨基的"定义"就其性质而言，是非马克思主义的，甚至可以说，是对马克思主义理论与实践观点的背离与背叛。属于资产阶级改良主义与和平主义，掩盖帝国主义矛盾的本质和根源，美化资本主义；反对暴力革命，鼓吹资产阶级民主和阶级合作；企图麻痹无产阶级和劳动人民，达到维护资产阶级利益的目的。

我们可以从列宁对考茨基"定义"的严厉批判中得出这样一个结论：现代帝国主义的一切现象及本质的根源在于金融资本垄断统治这一经济基础，只要这一经济基础还存在，帝国主义的反动本性就不会改变。

第二节 对考茨基"超帝国主义"论的批判

考茨基在他的帝国主义"定义"的基础上，又进一步提出了一个"超帝国主义"论。1914 年 9 月，他在其发表的文章《帝国主义》中写道："从纯粹经济的观点看来，资本主义不是不可能再经历一个新的阶段，即把卡特尔政策应用到对外政策上的超帝国主义的阶段。"他所说的这种"超帝国主义"阶段，实际上是一种"全世界各帝国主义彼此联合而不是互相斗争的阶段，在资本主义制度下停止战争、达到永久和平的阶段，实行国际联合的金融资本共同剥削世界"的阶段。

列宁对考茨基这种"超帝国主义"谬论进行了彻底的批判。他先在第七章的后半部分中，从纯粹的经济方面的角度，通过大量的、确实的资本主义世界具体经济材料，以实证的方法论证了考茨基的"超帝国主义"是根本不可能实现的"超等废话"。列宁首先列举了资产阶级经济学家理·卡尔韦尔归纳的、能够准确反映世界经济内部相互关系的、19世纪末20世纪初的最重要的纯粹经济资料。理·卡尔韦尔在他写的小册子《世界经济导论》中，将全世界划分为五个"主要经济区域"：中欧区（除俄国和英国之外的全部欧洲地区）、不列颠区、俄国区、东亚区和美洲区，并把殖民地列入其所属国所在的区域之内。在区域划分的基础上，他进一步列举了这些世界主要经济区域的面积、人口、铁路长度、商船吨位、煤炭和生铁产量以及棉纺织业纱锭数量的相关数据。这些数据反映出中欧区、不列颠区和美洲区是交通运输业、贸易和工业都十分发达的地区，其中包含的德国、英国和美国是统治世界的国家。以这些现实材料与考茨基的"超帝国主义"论进行对比，指出金融资本和托拉斯不但不能消除反而加强了帝国主义之间的竞争和斗争；不但不能缓和反而加剧了资本主义所固有的矛盾，并随着矛盾的加深是不可能达到永久的和平的。

以现实材料说明问题。列宁还列举了能够反映世界上实力最强的几个帝国主义国家及其殖民地的铁路发展状况的具体资料，用以进一步说明整个世界经济中资本主义和金融资本发展的速度极端不平衡。这部分资料以两个表格的形式展现出来。第一个表格体现的是1890年和1913年欧洲和美国及其殖民地铁路长度的统计数据，通过铁路长度的变化来说明铁路发展最快的不是资本主义最发达的欧洲和美国本土，而是他们的殖民地以及亚美两洲独立和半独立的国家。第二个表格列举了1890年和1913年美国、不列颠帝国、俄国、德国和法国五大势力最强的帝国主义国家铁路长度以及增长数据，通过这些数据可以看出，对于各帝国主义国家从殖民地获利的多少并不均等，取决于他们占有殖民地的数量；从海外和殖民地获利最多使经济实力迅速提高的国家不一定是其自身生产力发展最快、实力最强的国家。因此，在帝国主义世界就出现了这样一种矛盾，即生产力发展和资本积累与金融资本对殖民地和"势力范围"的分割不相适应的矛盾，并且这种矛盾在不断加深。同时，在传统的帝国主义大国的殖民地和海外国家中，出现了如日本这样的新兴的帝国主义大国，也积极加入了殖民地和势力范围的争夺之中，这样一来，加剧了本来就十分尖锐的全世界帝国主义之间的矛盾。在按照资本与实力分割世界领土的时代，那些占有殖民地较少却经济实力增长迅速的新兴帝国主义国家，必然要求重新划分势力范围，即使暂时可以达成某种帝国主义的同盟，但最终也只能通过非和平的、也就是战争的方式来重新瓜分世界。

列宁通过旁征博引，用事实说话，充分证明只要帝国主义赖以生存的经济根源不发生改变，那么，帝国主义的本质就不会改变，它们之间也就没有什么"永久和平"可言。即使帝国主义国家之间可能达成某种联盟，也只能是昙花一现；这种联盟基础是脆弱的，只能暂时缓和而不能永久消除帝国主义国家之间的基本矛盾；帝国主义国家之间的斗争形式可能在这种短暂联盟的过程中体现为一种和平的形式，但随着利益冲突、摩擦、竞争的加剧和升级，通过达成协议、结成联盟的方式无法调和之时，斗争的形式仍然会从和平式的转变为非和平式的。"试问，在资本主义基础上，要消除生产力发展和资本积累同金融资本对殖民地和'势力范围'的瓜分这两者之间不相适应的状况，除了用战争以外，还能有什么其他办法呢?"因此，考茨基在痴人说梦，他的"超帝国主义"论完全也只能是一种虚构。就此，列宁得出了一个十分重要的结论：帝国主义战争是不可避免的。

在第九章中，列宁对考茨基的有关帝国主义的"理论"作出了更加详细、更加严厉的批判。同各种资产阶级和小资产阶级对帝国主义的批评对比，揭示出考茨基对帝国主义所谓"批评"的欺骗性、虚伪性，进一步揭露"考茨基主义"的反动和谬误。

资本主义社会各阶级对帝国主义政策所抱有的相应态度的评价。列宁评价这种态度时指出："所有的有产阶级全都转到帝国主义方面去了。"有产阶级会有这种态度是由他们在社会中的经济地位所决定的。随着金融资本统治的不断加强，少数大资本家逐渐控制了大批的中小资本家，尽管大资本家与中小资本家之间的控制与反控制的矛盾日益深刻，但是，他们在剥削无产阶级劳动人民的根本利益方面是一致的，中小资本家很想并且能够从金融寡头攫取的高额利润当中分的一杯羹，可以说，在这样一种经济基础之下，资本家们是"同呼吸共命运"的，因此，他们想方设法地美化、维护和捍卫帝国主义政策。小资产阶级在马克思主义学说中被称为介于资产阶级和无产阶级之间的"中间阶级"，主要包括中小资本家、中小商人、小业主、城市手工业者和自由职业者等等。这一阶级在资本主义发展过程中受到了分化，其中少数人的财富积累、资本增值达到了一定的程度而进入到大资本家行列，而多数人则在资本集中和竞争中失去手中那点生产资料成为无产者。小资产阶级在资产阶级大资本家的指缝间求得一席喘息之地，但最终也无法摆脱被排挤甚至没消灭的命运。到了 20 世纪初，随着帝国主义在政治上的全面反动和民族压迫的不断加强，小资产阶级的小私有制、自由竞争和民主等遭到了严重地破坏。生存环境的不断恶化，使几乎所有帝国主义国家都出现了反对帝国主义的小资产阶级民主反对派，他们从维护自身利益出发对帝国主义进行批评。列宁在书中列举了这样几个例子。

1898 年的美西战争①是美国对西班牙发动的帝国主义战争，被美国的小资产阶级批评为"罪恶的"战争，他们认为这种兼并别国土地的行为是违反美国宪法的，对菲律宾土著人领袖艾米利奥·阿奎纳多的行为更是一种"沙文主义者的欺骗"。但是，这些批评既不敢承认帝国主义与托拉斯、也就是资本主义的基础有着不可分割的联系，也不敢与受到帝国主义剥削和压迫的人们站在一起，因此，列宁批评他们的这种"批评"是一种"天真的愿望"。

霍布森在批评帝国主义的时候基本上也采取了这样的立场，他认为政府应当改变不合理的财富占有和不平等的收入分配，提供社会福利，以提高居民的"消费能力"，通过国家对社会生活的干预来缓解社会矛盾，从而避免选择帝国主义的"政策"。他的这种小资产阶级的观点，实际上是否认了帝国主义是资本主义不可避免的发展阶段。

法国作家维克多·贝拉尔写了一本比较肤浅的书，名为《英国

---

① 美西战争是 1898 年美国为夺取西班牙属地古巴、波多黎各和菲律宾而发动的战争，是列强重新瓜分殖民地的第一次帝国主义战争。1898 年 2 月 15 日，美国派往古巴护侨的军舰"缅因"号在哈瓦那港爆炸，美国遂以此事件为借口，于 4 月 25 日对西班牙采取军事行动，战争以西班牙落败收场。但在废除西班牙殖民统治以后，美政府却宣布对菲律宾实行军事占领，引起菲律宾人民的强烈反抗。此后 3 年，美国对菲起义人民进行了残酷的军事镇压。

与帝国主义》，从字里行间可以看出，他是在用自由竞争和民主来反对帝国主义，谴责势必引起冲突和战争的建筑巴格达铁路的计划①，表达了维护和平的"天真的愿望"。

一般来说，资产阶级学者和政论家们，总是以相对隐蔽的方式来为帝国主义辩护，鼓吹和宣扬帝国主义的意识形态，广泛散布和平主义的幻想，企图转移人们的视线，阻止人们对于帝国主义根源的追溯。受到资产阶级或者小资产阶级思想的影响以及资产阶级的收买，工人阶级中的一部分人被分化了，成为工人中的"上层分子""工人贵族"，这些人构成了形成机会主义的社会基础，并堕落成帝国主义的帮凶，表面上支持社会主义，实际上是彻头彻尾的社会帝国主义者；表面上打着马克思主义的旗号，反对帝国主义，实际上完全背离了马克思主义，与资产阶级改良主义同流合污。

第三节　对考茨基理论的全面批判

在对待帝国主义的态度上，考茨基一屁股坐在了资产阶级一边，他从经济上和政治上对帝国主义的所谓"批评"，本质上其实和资产阶级学者们的改良主义论调如出一辙。列宁认为，批评帝国主义的

---

① 巴格达铁路修建计划：巴格达铁路是起自博斯普鲁斯海峡经巴格达至波斯湾的铁路。19世纪80年代末，德国为争霸世界，推行东进政策，把势力伸入近东，力图修建一条铁路，使之与欧陆铁路相联接，成为一条自汉堡、柏林经君士坦丁堡和巴格达直抵波斯湾的大铁路。这一铁路不仅使德国势力控制土耳其；而且严重威胁高加索、波斯等地区和英属印度。因此，遭到俄、法尤其是英国的反对和阻挠。巴格达铁路修建计划是当时欧洲大国为争夺世界霸权而相互斗争的典型事件。

根本问题在于，能否通过改良主义的方式来改变帝国主义的基础？是继续前进，去进一步加深和加剧帝国主义所产生的种种矛盾，还是选择后退，去缓和这些矛盾？正是本着这样的观点，列宁展开了对考茨基帝国主义理论的全面批判。

首先，批判了考茨基从经济上对帝国主义的批评。考茨基列举了1872年和1912年英国对埃及进出口的统计资料，数字显示英国对埃及的进出口数量比英国进出口总量增长得慢，他便就此得出结论："我们没有任何根据认为，不用武力占领埃及而依靠单纯的经济因素的作用，英国同埃及的贸易就会增长得慢些。""资本扩张的意图"，"不通过帝国主义的暴力办法，而通过和平的民主能够实现得更好"。他要说明的意思就是，通过使用武力，英国将埃及变成了自己的殖民地，但是这样一来，两国之间的贸易增长速度反而比英国的对外贸易总量增长速度慢，这就表明武力占领埃及是没有必要的，仅仅依靠经济因素的作用就能使贸易增长速度加快。

列宁先引用了希法亭的观点对考茨基进行批判。希法亭认为，无产阶级不能拿已经过去的、落后的自由竞争时代的政策去反对现在的、已经向前发展了的资本主义政策；在金融资本统治的帝国主义时代，恢复自由竞争是一种不可能实现的理想、也是一种历史的倒退；现在，无产阶级政策只能选择通过消除资本主义制度来彻底消灭竞争。希法亭的观点揭示了资本主义垄断代替自由竞争的客观经济发展规律，说明考茨基幻想已经进入金融资本时代的垄断资本主义倒退到自由竞争的资本主义有多么荒谬。

如果假设考茨基的言论可以成立，即不动用武力，就没有帝国主义、也没有金融资本，自由竞争能够让英国同埃及（或者其他殖民地或半殖民地）的贸易发展得更快些。但是，资本主义发展得越快，生产和资本的集中程度也就越高，必然导致垄断的形成。可以说，垄断恰好是从自由竞争中产生出来的。即使现阶段垄断的发展速度已经开始变缓，但是，垄断一旦形成再想回到自由竞争无论如何也是不可能的了。

列宁还引用了资产阶级经济学家阿·兰斯堡的有关德国的金融输出的统计数据，进一步批判考茨基论调的错误。阿·兰斯堡提供了两组数据：一组是德国对在金融上依附于它的国家的输出；一组是德国对在金融上不依附于它的国家的输出。尽管列宁认为阿·兰斯堡的统计数据并不是很完备，但是也算是较为科学的整理。从这些数据上可以看出，德国对在金融上依赖于它的国家的输出比对在金融上不依附于它的国家的输出速度要快。在金融上依赖于德国的国家也就是德国的殖民地和附属国，说明帝国主义国家在控制它的殖民地和附属国的基础上与其进行贸易往来，要比同其他国家进行贸易容易很多，这也就不能说明自由贸易比垄断剥削优越在哪里。列宁批评考茨基连阿尔弗勒德·兰斯堡都不如，片面地抓住个别情况，不以全面的综合材料进行科学地分析和比较，就牵强附会地加以推论，回避和掩饰了帝国主义最深刻、最根本的矛盾，所以，考茨基对帝国主义在经济上的批评是完全不符合实际情况的，也是非马克思主义的。

其次，列宁从政治上摄入批判了考茨基的"超帝国主义"论。考茨基认为，帝国主义仅仅是资本主义国家所偏好的、一种可以被代替的政策，完全可以选择一种新的超帝国主义的政策来代替帝国主义政策。他设想这种"超帝国主义"的政策形式为金融资本国际联合来共同剥削世界，从而，代替各国金融资本的相互斗争，消除帝国主义之间的战争、带来"永久和平"。列宁指出，考茨基的这种

"超帝国主义"论调，其实和霍布森在1902年提出的"国际帝国主义"没什么两样。霍布森曾经说："基督教在各自占有若干非开化的属地的少数大联邦帝国里已经根深蒂固了，很多人觉得基督教正是现代趋势的最合理的发展，并且是这样一种发展，它最有希望在国际帝国主义的巩固的基础上达到永久的和平。"考茨基的"超帝国主义"论实际上就是霍布森"国际帝国主义"论的另一种说法，只不过考茨基在他的基础上，为自己"高明"地涂上了一层马克思主义的伪装。列宁指出，霍布森和考茨基之流，企图用在资本主义制度下可能达到永久和平的"希望"去安慰和欺骗人民群众，使人们不去注意眼前的最尖锐的问题和矛盾，而去注意那种所谓新的、将来的"超帝国主义"的虚假前途。他们的"理论"其实就是资产阶级改良主义的理论，除了欺骗群众之外，再没有任何其他的东西。

列宁再次以事实为根据，阐明了战争与和平的关系，揭示出冲突和联盟不过是资本主义国家奉行帝国主义过程中，根据需要交替采用的两种手段而已。他以八国联军瓜分中国为例，用以说明考茨基所谓"超帝国主义"的"国际联盟"，在现实中已经多次出现过，但是，这种联盟并没有使资本主义实现永久和平，而本质上，这种联盟只不过是帝国主义国家之间达成的、暂时的一种妥协。因为，帝国主义赖以瓜分世界的经济、军事和政治实力，随着帝国主义之间极不平衡的发展而不断变化，每当实力对比发生变化，必然加剧帝国主义之间的矛盾而引起重新瓜分世界的新的斗争。而斗争的形式，可能是激烈的冲突，也可能是暂时的联盟，但最终只能是爆发战争。1900年8个帝国主义国家组成联盟共同对中国实施军事侵略，但此次联盟并没有阻止参与联盟的8个国家之间爆发第一次世界大战。由此可见，帝国主义的战争与和平或者冲突与联盟，两者之间有着不可分割的联系。和平与联盟，是在新的实力对比形成之前为新的战争做准备；而战争与冲突，必然打破现有的实力对比，从而形成与新的实力对比相适应的和平与联盟。帝国主义之间的两种斗争形式，必然在不同的条件下相互联系、相互制约、又彼此转化。事实证明，考茨基构划的那种"超帝国主义"联盟的场景只是两次帝国主义战争之间的"暂时和平"状态，将战争与和平割裂开来，以点带面地无限夸大和平的环节，否认帝国主义战争的不可避免性。

列宁还分别列举了美国人戴维·杰恩·希尔的著作《欧洲国际关系发展中的外交史》中对"现代外交史分期"的观点、齐格蒙德·施尔德尔博士的著作《世界经济发展趋势》中对1870年以来大不列颠"世界政策"史分期的观点以及雅·里塞尔的著作《德国大银行及其随着德国整个经济发展而来的集中》中有关帝国主义战争与和平的分析，进一步说明帝国主义采取战争与和平两种斗争形式具有不可分割的联系，考茨基之所以大肆宣扬、粉饰帝国主义和平，目的就是为了瓦解世界工人阶级的思想武装，使之彻底放弃对垄断资本主义的革命斗争。

列宁认为，考茨基对帝国主义在政治上的所谓"批评"并没有全面揭示出帝国主义在政治上的全面反动，掩盖了帝国主义最深刻、最根本的矛盾。资本主义发展到帝国主义阶段，垄断并没有消除竞争，反而使改头换面的竞争变得更加激烈。金融资本为了在竞争中处于不败之地，为了保持在经济上垄断地位，必然要在一切政治制度上实现全面反动的统治。对内的残酷剥削、镇压，对外疯狂压迫、掠夺，于是，出现了资本主义国家内部尖锐的阶级冲突和殖民地此起彼伏的争取民族独立的抗争。为了维持统治，分化工人阶级、分裂工人运动，用威胁、利诱和收买等方式使工人阶级革命队伍中的一些不坚定分子背叛了马克思主义、背叛了革命，堕落成为帝国主义走卒的机会主义者。考茨基的"超帝国主义"论，不但不敢触及帝国主义的最根本矛盾和最尖锐的问题，甚至不敢触及机会主义者，反而与他们站在了同一阵线，以资产阶级改良主义和机会主义代替了马克思主义，"是最精密最巧妙地以科学性和国际性伪装起来的社会沙文主义理论"。

列宁注意到了"考茨基主义"这一国际思潮极易混淆视听，影响人们对帝国主义的来源和本质正确地认识和作出判断，对国际工人运动也有巨大危害，因此，必须正本清源，告诫人们在帝国主义时代，绝对不能同机会主义统一，必须坚持以马克思主义基本原理去认识和理解帝国主义。正是在思想理论上拨乱反正的过程中，列宁对帝国主义的形成以及以金融资本和垄断为时代特征的帝国主义的最高阶段有了更加清醒和准确的判断。

第五章　二战后帝国主义的新变化

二战后，帝国主义的发展出现了一些新的情况，这些新的情况并没有否定列宁的帝国主义理论，相反，更深刻地表现了列宁理论的预见性。所以，只有立足列宁的帝国主义理论，分析战后帝国主义的新变化，才能正视资本主义的发展历程和历史趋势。

第一节　竞争的加剧与垄断统治的增强

第二次世界大战之后，实现了以核子、电子、原子能代替传统能源使用为代表的第三次科学技术大革命。计算机技术、空间技术、生物技术和海洋开发技术的开创使各生产部门都开始了伟大的技术改造。从 50 年代起，主要资本主义国家中建立起许多新兴工业部门，如信息技术部门，航空航天部门，生物科技部门等，社会物质生产各个领域面貌焕然一新，经营管理也实现了现代化。由于新科技革命的发展，各发达资本主义国家的劳动生产率有了比较大的提高，有力地推动了战后资本主义社会生产力的大发展。这为个人企业生产进一步扩大提供了可能性，同时，资本与生产的集中越来越快，导致了更多的、更大规模的垄断企业出现，这些巨型企业进一步控制了本行业和部门中的产生、流通，甚至在其行业的上、中、下游都起到了管控资源分配与定价的作用。在新兴行业中，由于生产高度依赖技术的新特征，少数掌握核心技术的企业与拥有强大资金能够支持技术开发的大财团合作或合并，在新工业部门中形成垄断组织。这一时期，科技进步并没有分化生产和资本的规模，反而导致了竞争的进一步激化，如列宁对过度的竞争导致生产集中的论述那样，大规模的生产与资本的集中使垄断统治也进一步增强了。

美国企业竞争的加剧与垄断的进一步发展最为明显。美国是新科技革命的发源地，也受新科技革命的影响最深，获利也最大，同时竞争的激烈程度也最严重。在美国最大的 100 家工业公司中，几乎每隔 5 年就有 1/5 的大公司被垄断组织排挤出本行业。1946 年后，资产在 10 亿美元以上的大公司从 14 家开始成倍增长，到 1970 年已有 107 家，13 年后又翻了一倍多，达到 234 家。但激烈的竞争也使资产不到 10 亿美元的大公司在 1955—1983 年间倒闭一半以上，随之而来的是资产超过 100 亿美元的超级公司的诞生和数量的不断增加，1983 年资产超过 100 亿美元的公司已达到 25 家，这些大规模和超大规模的生产制造企业的资产总额几乎占据了美国制造业资产总额的一半。500 家最大的资源产业公司，如煤矿企业、工矿企业等产品的销售额占全国总额的 2/3，且其中的 2/3 又仅集于两家超大型企业手中。在汽车、炼钢、制铝、电机制造、火车机车、化学、烟草等部门中，也各有 4 家最大的公司，控制着各部门 3/4 的产品产量。在日本和西欧几国中，也存在着在一个产业部门中投入的全部资本已融合为一个产生单元的现象，一个产业部门中的全部产出和利润几乎都归属于几家超大型企业，而中小型企业只能沦为其压榨利润的对象或附属公司，要么就在残酷的价格竞争中宣布破产，退出本行业。

生产和资本集中的新发展。50年代中期以来，生产和资本集中的方式日趋向跨行业多样化的方向发展，并开始从资本垄断过渡到资本与技术的双重垄断。这也成为二战后竞争与垄断发展的新特征。混合型的垄断组织在美国比比皆是。1948—1968年，美国制造业和采矿业的企业合并成为混合型垄断组织模式发展的先驱，到1951年时，几乎一半的混合合并企业都来自于这两种行业的合并，1968年其占合并总数的比例更升至86.8%，混合合并占各种合并资产额的比重，由41.3%升至90.4%。在跨行业合并的浪潮下，垄断企业的发展开始分流，主要向两种经营模式转变：一种是传统的某一行业中的垄断企业，如美国通用汽车公司、通用电气公司、杜邦化学公司等，它们通过合并或建立新厂，向一些新兴工业部门或其他领域投资，展开多样化经营。1900年美国的汽车销量还不到8000辆，美国人拥有汽车的梦想才刚刚开始，100多家汽车制造公司也才刚刚进入美国汽车制造产业。美国通用汽车公司自1908年创建开始，就在不到两年时间里兼并了20家小型汽车企业，此后在内燃机应用于汽车动力系统后又联合合并了别克、凯迪拉克、雪佛兰、奥兹莫比尔、庞蒂克、克尔维特、悍马等公司，自1927年以来一直是全世界最大的汽车公司之一，在80年代几乎垄断了全球汽车市场。通用电气公司是1892年，爱迪生电灯公司和汤姆森－休斯敦电气公司合并后成立的。此后，在技术领域和服务产业中，它几乎囊括了所有电气开发与生产部门，从航空、船舶、军工、家电、高端精密仪器的开发、制造、销售到能源、交通、医疗、基础设施建设等服务部门资源供给，都有财团或技术提供商、制造商与其联合合并，至今成为全球最大的提供技术和服务业务的跨国公司。通用汽车和通用电气公司都是在传统行业中已经拥有大型资本和技术的企业，通过吞并和联合同行业企业，扩大自身企业生产规模和技术开发，发展为该行业内部的垄断企业。另外一种模式则是普通的企业在借助银行贷款或业务合作等支持后，大规模地兼并和收购与本行业无关的其他企业，合并企业来自各行各业，大规模跨领域合并公司成为这种垄断企业的主要特点。它们在短期内便可以形成巨型的混合联合公司，如：美国国际电报电话公司、坦尼科公司、LTV 公司等都是这种新型垄断企业组织。特别是美国国际电报电话公司，曾通过大量混合合并，跃居美国最大垄断组织的前列，长期垄断美国长途和本地电话市场。60 年代后，成为全球最大的流体技术设备和系统的供应商之一，其公司的业务涉及各种潜水泵、干式泵与搅拌机，风机、监控设备、工厂运行系统、生物技术等，以及工业、住宅、农业，市政系统的设计、开发、销售，铁路交通、航空航天、国防通讯等众多领域。美国 LTV 公司的发迹亦是如此，其原本的产业领域是钢铁制造，1942 年开始商业性生产，制造飞船、侦察摄影机以及各种飞机零件。但在这种新兴行业中它没有任何技术优势，因此并没什么影响力。但其创办人善于兼并，在 1960 年兼并特姆科飞机制造公司，又于 1961 年兼并沃特公司（制造飞机和导弹）和休斯飞机公司，这就使其公司拥有了技术支持和生产销售渠道。LTV 公司在 80 年代后进行多样化经营，以制造军火和军用飞机为主，生产涉及电子控制系统和其他电器部件，在美国飞机制造业中处于领先地位，因此该公司生意兴隆，营业额大增。美国国际电报电话公司和 LTV 公司都是典型的跨行业混合联合垄断企业。20 世纪后期，在美国经营电子信息业等新兴产业的公司也在向垄断组织发展，并已经取得了巨大的市场占有份额和利润。例如：微软公司，苹果公司等，在技术上占垄断地位，因此在电子科技产业中长期占据垄断地位。

垄断组织的新发展使竞争日趋激烈，且不仅止于行业内部和本国，其影响范围正在急剧扩大。但二战后的科技革命和垄断组织形式的变化并没有改变帝国主义国家的基本经济特征及其实质，也没有改变其瓜分世界资本的目的，因此，帝国主义的断垄和竞争并没有消失，而是越发激烈了。

第二节　新殖民主义的出现

二战后，随着殖民地、半殖民地人民的民族解放斗争、民族解放运动的展开，许多殖民地和附属国纷纷摆脱了殖民国的统治，建立起自己的国家，实现了民族独立，帝国主义旧殖民体系随之土崩瓦解。但帝国主义国家正处于经济发展的新阶段，不可能放弃原有的对殖民地的剥削。在这种背景下，帝国主义国家迫于国际形势的发展，不得不放弃对原有殖民地的强制控制，而开始采取新的渗透与控制方式，对原殖民地、新兴民族国家和发展中国家进行更隐蔽的剥削，旧的殖民主义体系演变为一种新的不平等的国际关系体制，新殖民主义开始盛行。

新殖民主义的实质。加纳前总理恩克鲁玛在《新殖民主义：帝国主义的最后阶段》一书中指出："新殖民主义的实质是，在它控制下的国家从理论上说是独立的，而且具有国家主权的一切外表。实际上，它的经济制度，从而它的政治政策，都是受外力支配的。"正如这位总统所说，新殖民主义主要采用的就是以经济渗透的方式，使其要剥削的国家对它产生经济依赖，从而进一步控制其国家政策甚至扶植自己的傀儡政权管理国家，以此确保它们在此地区的经济利益得以实现。通常这种隐形的侵略与剥削的持续时间更长，却又不会受到法律或国际公约的限制，实现形式也越来越多样化。

新殖民主义的表现形式。帝国主义国家对发展中国家的直接投资作为新殖民主义的最主要表现形式，为现代帝国主义国家牟取了巨额利润。很多资本主义国家都以"援助"之名对发展中国家进行资本输出，以此控制受援国的经济发展、产业结构、资源开发和对外贸易等内政外交事项。二次大战结束以后，帝国主义国家的资本输出持续猛增。1946年时美国私人企业主和资本家在海外的直接投资额只有72亿美元，到1981年年底时已增长到2252.7亿美元，增加了近30倍。美国对发展中国家的资本输出占其总额的1/4。1979年底，美国在海外的直接投资中，每4美元就有1美元投向发展中国家，投资回报中的每3美元就有1美元来自发展中国家。1976年美国在发达国家的投资利润率为11.3%，在发展中国家高达24%，1981年美国直接海外投资收益中，来自发展中国家的收益增长了3.3%，发展中国家的投资利润率要比发达国家的投资利润率高一倍以上。60年代后期，帝国主义的资本输出在部门构成上发生了重大变化，开始从对企业注资获利转向直接投资制造业部门。在发展中国家直接就地设厂，将本国的低端制造业迁移到发展中国家，建立纯外资企业，扩大企业产品的销量和市场占有率，并向金融投资领域发展，同时，又把重要的和新兴的工业部门掌握在自己手中。这就可能迫使发展中国家的工业和经济发展走上西方经济的轨道，长期处于对外国资本的依附地位，成为帝国主义经济发展的附属物和牺牲品。

另外，跨国垄断企业的直接投资也是新殖民主义的一种重要表现形式，它们一方面使用殖民地的廉价资源与劳动力，一方面将高能耗高污染的产业和项目向它国转移。这些行为和方式都会对发展中国家的民族产业造成巨大威胁，甚至导致经济结构发展的失调、单一化和单纯依靠外资生存，这就使跨国公司对生产和资本的垄断遍及被投资国的各大领域，本国却无力改变这种被深层控制与掠夺的现状。

新殖民主义的手段还表现为主要帝国主义国家通过各种名目的贷款，与发展中国家建立起债务关系，以此控制发展中国家的货币资本。对发展中国家的放贷，其实质也是资本输出的一种隐蔽形式。这是现代帝国主义进一步控制发展中国家的财政和进行金融剥削的重要渠道。当代第三世界①国家的发展，很大一部分资金来源于向各国银行和世界银行的借贷，这些国家负债总额已经超过1万亿美元，连国际货币基金组织都对这一数字感到不安。许多发展中国家对外借贷的依赖程度之大，已经危及国家安全。一些国家不仅在发展经济、对外贸易中需要依赖国外或国际借贷，有时连偿还债务都要靠外债，举新债还旧债。有资料表明，外债最多的拉美地区新借外债

---

① 第三世界：按照毛泽东三个世界的划分理论，第一世界包括美国和前苏联；第二世界（中间派）包括欧洲国家、澳大利亚、加拿大和日本；第三世界包括日本以外的亚洲、非洲和拉丁美洲的国家。第三世界国家中的绝大多数都曾为帝国主义国家的殖民地、半殖民地或者附属国，在这些国家相继脱离殖民统治取得民族独立之后，巩固政权、发展经济、全面肃清国内殖民主义残余势力影响成为其重要历史人物。而当今时代，第三世界国家相对来说都是不怎么发达的、甚至仍然贫穷落后的国家，但是他们仍然是维护世界和平与发展不可或缺的重要力量。

的 2/3 是用于支付旧债利息的。阿根廷作为拉丁美洲的第三大经济国，到 2000 年已经举债 1550 亿元，2001 年 12 月 23 日，圣诞夜的前一天，阿根廷代总统萨阿在就职之后立即宣布暂时停止偿付阿根廷的外债，这是全球经济史上最大的一次债务拖欠。阿根廷国家已经没有能力偿还其外债，在全球经济危机的重创下，阿根廷只能宣布"经济破产"以逃避巨额债务的偿还。这使阿根廷的经济发展陷入停滞，随之带来的是人民生活的困窘和政局的动荡不安。发展中国家的这种对外债务关系越多，它们在经济上、政治上的独立性就越少，被国外资本剥削和控制的程度也就越深。在帝国主义世界里，没有无私奉献的国家和资本家，他们都是要通过对外的巨额贷款，获得更大的利益，因此，这些贷款中必然包含着多种不平等的要求和条件，有时甚至对债务国的主权进行践踏和侵略。发展中国家接受各种形式的借贷数目越多，越是将帝国主义的禁锢缠绕在自己身上，国家安全受到的威胁也就越大。

单一经济的当代发展及影响。列宁在《帝国主义是资本主义的最高阶段》一书中，论述了帝国主义的基本经济特征，其中帝国主义国家对世界经济与领土的瓜分就是建立在殖民地政策上的，在谈及殖民地相关部分时，列宁本要以印度为例来说明帝国主义国家对殖民地在经济政策上的施压，迫使殖民地经济向单一化发展。虽然列宁最终没有在原著中引用印度的相关材料来说明问题，但他还是提出了殖民地经济发展中的重要问题，就是单一经济或畸形经济的形成，这是帝国主义推行控制殖民地政策的恶劣后果，也是帝国主义剥削殖民地的经济基础，直到今天，现实仍然验证了列宁的这一论断。

在当代，新兴民族国家和发展中国家在政治独立上已经取得了胜利，并一直在努力寻求现代化的经济发展道路和合理的经济发展结构，改变旧的"单一经济"结构，在这一过程中发展中国家取得了一些成功的经验。但是，由于历史遗留问题的深度和广度都不是一时可以克服的，这就使发展中国家难以改变旧有的经济结构，加上现代帝国主义国家对这些国家在经济上又开始推行新殖民主义，为实现资本主义国家和个人财团的既得利益而阻饶发展中国家的经济结构改革，甚至加深了其经济的片面发展。因此，经济的单一性仍然是亚、非、拉广大发展中民族主义国家所面临的一个极为严重的问题。

就如列宁所述，通过各种手段强化前殖民地和发展中国家的经济单一化结构，是现代帝国主义对其进行新殖民主义的剥削、掠夺与控制的经济基础。这些国家的单一经济结构一旦持续维持下去，就会一直成为帝国主义国家的原料供应地，任其予取予求。石油丰富的国家尤其受到帝国主义的"关注"。"大油库""大粮仓""大矿山""橡胶园"等成为了这些国家的代名词。新殖民主义的手段使旧殖民地依然扮演者为资本主义国家提供廉价原材料的角色，其受剥削和压榨的性质在这种畸形经济结构中没有丝毫改变。另外，单一经济结构所导致的单一产品生产，导致旧殖民地国家和发展中国家的工业产品和人民生活物资大量依赖进口，使工业发展和经济结构转型进一步受到阻碍，这也使这些国家继续成为帝国主义商品倾销的主要市场，不对等的经济交换模式和经济结构转型与发展的重重困境，使旧殖民地国家和发展中国家被动地保持着经济结构的单一性和经济发展的畸形性，从而使之继续发挥了旧殖民地对帝国主义国家的经济作用，即：提供廉价原料来源，占领商品输出市场和进行资本投资、转移，为现代帝国主义的经济扩张和霸权扩展提供了难以改变的经济基础。

新殖民主义的主要特点是经济性，在经济上，通过"援助"、投资，以输出商品和资本，通过跨国公司的直接投资掠夺别国资源，剥削廉价劳动力，控制不发达国家的经济命脉。但这并不意味着它是纯经济的殖民主义。新殖民主义在大力进行经济扩张的同时，并不放弃种种非经济的手段。在政治上，力图收买和培植代理人，维持其长期为帝国主义利益服务，对于不屈服帝国主义压力的前殖民地国家，进行破坏，制造民族纠纷；在军事上，从帝国主义的军事战略出发，组织军事集团，在这些国家设立军事基地，供应军火、派遣军事顾问、控制部队的训练和指挥等等。

在新殖民主义依旧盛行的今天，我们需要明确一个问题，那就是正常经济往来与贸易投资与新殖民主义性质的对外经济输出的本质区别。在这一问题的理解上，我们以中国与非洲国家之间的经济贸易与合作为例加以分析。中非之间友好交流由来已久，特别是自20世纪60年代以来，在长达半个多世纪的时间里，从建交到共同发展，双方一致以稳健的步伐不断迈向未来。尤其是进入新世纪之后，中非之间的经济贸易交流与合作更加如火如荼，无论是官方还是民间的交流活动日益频繁，可以说，在中非之间友好发展过程中，在双方的共同努力之下谱写了新的历史篇章。然而，伴随着中国取代英国成为继法国之后的非洲国家的第二大贸易伙伴，也传来了西方资本主义国家对中非经济往来与贸易合作的无端指责与非议，他们诬蔑中国在非洲的贸易与投资是在对非洲地区施行经济殖民与输出，是"新殖民主义"的行为。一方面，西方国家公然声称"中国今天在非洲所做的，多数是150年前我们在非洲做的"，大肆宣扬和炒作中国在非洲推行新殖民主义；另一方面，刻意将中国发展与非洲国家之间的关系同非洲所谓存在的独裁、专制、人权及腐败等现象和问题建立起某种必然的联系，为中非关系发展制造出许多不利的政治舆论的恶劣影响，其意图极为明显，就是在中国大力发展同非洲关系的嫉妒与不安的心理作用之下，肆意抹黑中国在国际上的国家形象，企图唱衰中非不断加强的交流与合作，从而达到破坏中非关系正常良性发展、遏制中国和平崛起的不可告人的真实目的。

事实上，中国在与非洲交往过程中的真实的所作所为，就使西方的这种中国"新殖民主义"论调不攻自破。首先，中国与非洲国家有着非常相似的历史遭遇，中国在感同身受的情感之下，曾在半个世纪以前，无私地援助和和全力地支持非洲国家反对帝国主义、反抗殖民压迫和争取民族独立，在非洲各国相继摆脱殖民统治与民族压迫的境遇走上独立自主发展道路的同时，中国与非洲各国人民之间也建立起了深厚的友谊，成为了患难与共的朋友。其次，今天的中非友好合作关系，是建立在彼此独立自主、和平友好、互利互惠的基本原则之上的，是在经历了半个多世纪的风雨沧桑和无数考验的情况之下得到巩固与全面发展的。再次，中国现在经济发展了，但是没有忘记老朋友。纵观中非交往的历史，无论从道义上还是物质上，中国都给予非洲大力主持与帮助，双方互动之下，非洲国家获益良多，中国本着平等合作、互利双赢的原则，在许多情况下，本着更加有利于非洲人民的幸福与发展的奉献精神，不计得失，使中非交往中非洲能更多地获得利益。长期以来，中国坚持既要"授人与鱼"，更要"授人以渔"，在同非洲国家大力发展经贸合作的同时，也为非洲国家援建了大量基础设施，尤其是铁路、医院和学校，而并非西方国家批评的"口惠而实不至"。非洲人民切实感受到了同中国友好发展而带来的利益，同时，中国人、中国企业也在非洲地区受到热烈的欢迎。最后，中国与非洲之间并非西方国家推行"新殖民主义"所表现出的那种赤裸裸的交易。中国发展同非洲之间正常的互利互惠的经贸关系的同时，也大力发展非经贸股关系。姑且不论中国不曾具有英国昔日在大部分非洲地区建立的长期的殖民统治的"殖民主义"行为，仅从中国同非洲发展非经贸关系的三个着力点（第一，要积极扩大进口非洲的商品，中国将采取有力措施为非洲推介自己的商品创造条件；第二，要把技术援助同经济援助与合作紧密结合起来，重在增强非洲自我发展能力；第三，大力帮助非洲培训技术人员和管理人才）来看，中国"走进非洲"，与西方所渲染的那种"新殖民主义"行为具有本质的区别。

在可预见的未来，中国与非洲各国之间的合作会越来越多，涉及的领域也会越来越宽。中非合作必然对非洲人民产生越来越大的影响，而他们的生活也必然在这种影响之下发生所期待的变化。事实证明，中非合作对于双方来说都是一件大好事，尤其对于非洲来说，历史上从未获得过像中国这样的真正的合作伙伴，他们迎来的是一位来自世界东方的友好国度，而不是一位"新殖民主义者"。至此，可以更加肯定地说，新殖民主义的实质，就是仍具有帝国主义属性的现代资本主义国家，通过经济全球化的平台实现资本主义经济体系在世界范围内的扩张和垄断，并主要以经济渗透和援助、借贷等隐蔽手段攫取别国的国家财富，控制别国的经济发展，干涉别国的政治独立。在经济手段无计可施时，就通过政治、军事等强制力来继续剥削、掠夺与控制已经取得政治独立的前殖民地国家和发展中国家，使其或主动或被动地从属于资本主义国家的势力范畴，形成这些国家对资本主义经济体系和帝国主义国家的强力依附关系，使新型垄断组织和垄断资本主义能够持续实现追逐高额利润和维持垄断地位的目标。

第三节　国家垄断资本主义的形成

早在资本主义自由竞争最发达的时期，马克思在论述股份公司的产生及其活动时就曾预见到："它在一定部门中造成了垄断，因而引起国家的干涉。"当资本主义进入垄断阶段后，由于金融寡头在国家经济生活中处于统治地位，就有可能凭借其经济实力，操纵国家机器使之服从于垄断组织。这样，资产阶级国家同拥有巨大势力的资本家同盟就日益密切地融合在一起。国家垄断资本主义就是资产阶级国家同垄断资本相结合的一种垄断资本主义。

国家垄断资本主义在 19 世纪末已出现萌芽，这一时期，铁路、兵工厂及某些公共事业和基础设施的修建、经营已经属于国家，在垄断统治确立后，它们就转变为国家垄断资本主义经济的早期形式。但究其发展的根源，国家垄断资本主义的形成始于私人垄断资本的过度膨胀及其与国家权力的相融合。

在生产高度集中和资本加速集聚的同时，货币资本的主导行业——银行业也在战后发生了大规模的集中，银行间的垄断组织越来越庞大。50 年代中期，银行资本积聚和集中同产业垄断行为一样，呈现出银行巨头间合并的新特点。英国、美国、法国、日本等国的私人大银行和财团都纷纷进行了合并，英国的国民银行与五大银行之一的威斯特敏斯特银行合并改组为国民威斯特银行；美国的花旗银行斥巨资买下了纽约第一国民银行，改名第一花旗银行；美国的洛克菲勒财团通过兼并曼哈顿银行的方式，将旗下的大通国民银行扩大，成为大通曼哈顿银行，实际上是洛克菲勒财团与库恩 - 洛布财团两大金融财团的强强联合；日本的第一银行也与劝业银行联手，合并后改名为第一劝业银行，其规模一举成为日本第一大银行。这些合并后的巨型银行在国家金融和资本系统中更加稳固了其统治地位，并且在 60 年代初开始将触手伸向海外，以上提及的几家银行和财团在各大洲均拥有庞大的分设机构，在国际金融市场和金融业务中都建立起了合作性质的或共同出资建立的国际性垄断银行。欧洲国家与美国、加拿大等国家也在国际银行的建设上达成过一直看法，并且有 6 家大型私人银行出资建立了国际能源银行，8 家来自英、法、美、日等 6 国的银行进行联合收购与重组，成立了欧洲金融银行。

二战后，帝国主义国家的金融寡头并没有消失，而是通过合并资本，拓展经营模式的方式更加增强了其实力和势力。大金融资本家已经不局限于商业银行的经营，还力图通过多种多样的金融机构获取更多的资金收益，将垄断范围进一步向市民阶层扩展，加强对社会经济生活的统治，例如人寿保险公司就是战后积聚大量居民和民间资金的重要金融机构。

列宁曾指出："集中在少数人手里并且享有实际垄断权的金融资本，由于创办企业、发行有价证券、办理公债等等而获得大量的、愈来愈多的利润，巩固了金融寡头的统治，替垄断者向整个社会征收贡税。"战后，利用持股公司和银行信托业务，金融寡头的统治更为加强。一个财团支配着许多家银行和其他金融机构，它们在持股份额和借贷巨款上很容易取得对任意一家企业的经营支配权。美国在 1951 年到 1976 年间，银行和其他金融机构的发放贷款数额及其增长率都逐年攀升。根据国际货币基金组织的数据显示，这 25 年间，美国的企业和个人贷款增长率从 4.0% 增长到了 9.5%，一倍多的增长速率昭示着美国金融巨头在战后对国民生活的控制又进一步增强，帝国主义的基本特征通过金融资本更大规模的渗透到社会生活的各个方面而更加显著。除美国外，战后落败的德国、日本也在急速的经济恢复中放宽了贷款的范围，银行借贷的金额和增长率甚至超过了美国，日本在 20 世纪 70 年代的国内贷款年增长率高达17.9%，德国在这一期间开放了消费贷款业务，其中私人商业银行在 1970 年间就借贷出 100 多亿马克，占借贷款总数的 35%。金融寡头是私人巨额资本的代表，它们的目的是寻求资本的进一步扩大和占据金融市场的垄断地位，甚至有的财团企图控制国家机器，实行刺激经济的金融政策以谋一己私利，尤其是在私人资本发展遭遇危机时，大型财团和金融资本家要寻求公共权力对其私人利益进行保护，资本与权力的交换更加普遍，而且随着金融资本的跨国发展，这种资本家与公共权力之间的联合也不止于国内，而在整个世界经济和政治舞台上都普遍存在了。例如美国总统选举中的财团政治献金情况就是典型的二者相融合的例子，甚至在美国，大财团的首脑出任总统也不是先例，我们熟悉的美国总统肯尼迪就曾是美国历史上最年轻的银行董事长，其家族在美国金融业中举足轻重。当金融寡头与政府的联合从"私人"性质过渡到"国家"性质时，国家垄断资本主义就开始发展起来。

一战爆发后，国家垄断资本主义的发展出现了一个高潮，各国都对国家的经济生活加强了管制，大力扶植重工业发展，尤其是钢铁、军工企业的发展，有的国家还采取了政府订购、给予补贴、贷款等政策来支持这些行业进行垄断性生产。但这种因战事需要而进行的国家干预并没有持续多久，战后这种干预渐渐势弱。直到1929年，资本主义经济危机的开始，使资本主义经济制度的弊病暴露出来，各国为摆脱危机，开始进行制度改革，其中经济制度的改革就是大规模的国家干预经济生活，国家承担起对生产的引导和控制职能。各国都通过了重大的经济调整方案。美国实施了"罗斯福新政"①，英国开始了"产业合理化"进程，德国、意大利、日本等法西斯国家，以实行国民经济军事化方式干预和组织国民经济生活。虽然这一阶段各国都出台了政策使国家对经济生产生活进行干预，但都是以渡过经济危机为目的，并没有在国家权力结构和基本经济制度中作出关键性调整。因此，尽管各个国家的不同作法在不同程度上起到了应对经济危机、缓解社会矛盾、延续资本主义生命力的相似的作用，但是，这种对国家经济政策的局部调整，并没有从根本上改变帝国主义的本质特征，并没有消除帝国主义国家内部与外部存在的矛盾，也终将不能阻止帝国主义国家之间战争的爆发。到了二战时期，各交战国对国家的战时经济进行了全面的管理和调节。二战后，50年代，国家垄断资本主义进入了迅速发展时期，这是资本主义基本矛盾加剧和尖锐化的结果。这一时期的市场问题日趋严重，需要运用国家力量来扩大国内外的市场需求；生产过于集中和巨大规模的扩张所需的巨额投资也只有国家才能调节和负担得起；另外，对于国民经济的协调发展，需要国家直接干预经济，作出宏

---

① 罗斯福新政是以美国第32任总统富兰克林·罗斯福的名字命名的，是指1933年罗斯福就任总统后，针对美国当时的实际情况，顺应广大美国民众的意志，实施的核心内容为救济、复兴和改革的一系列经济政策。通过局部调整资本主义生产关系，加强国家对社会经济生活的干预和指导，在有效应对经济危机所带来的负面影响的同时，还有效缓解了社会矛盾和促进社会经济逐渐复苏。从这个意义上来讲，英国推行"产业合理化"进程的做法与美国相类似。

观规划。科学技术研究的社会化和高成本化也使私人企业无力承担。这些都充分说明了私人垄断资本已经无法正常运行了，其利益需要同国家相结合，需要借助国家的力量来解决个人和企业的问题，这就使私人垄断资本主义日益脱胎为国家垄断资本主义。

二战后初期，国家垄断资本主义主要表现为国有经济的空前发展，国家除了对一些基础工业和基础设施大量增加投资外，还把一些银行和老工业部门的一些企业收归国有，国家资本和私人资本通过相互融合共同创办企业。国家在社会总资本与再生产过程的调控方面占据了重要地位，有时还会起到决定性作用。衡量国家垄断资本主义发展水平的主要指标是，国家财政支出在 GDP（国内生产总值）中所占的比重。美国等发达国家的财政支出已占到 GDP 的 30—40% 以上，这表明目前资本主义的国家垄断水平已经发展到了很高的程度。在 2008 年的全球金融危机中，美国和欧洲的积极救市再次证明了国家垄断资本主义依旧占据着资本主义国家经济发展的统治地位。

二战后，帝国主义国家干预经济的方式和结构都随着经济发展的需要而转变，不再是战时临时性的干预和小范围的只干预某一产业的生产。国家垄断资本主义又有了新发展，发达国家都扩大和加强了对全国经济活动的干预和调节，并将其制度化。虽然这些国家的国家垄断资本主义措施各具特点，但基本上表现为以下几个方面：国家直接投资兴办企业，对一些国家经济命脉产业实行部分国有化；国家投入资金兴办和扩充科研机构，使技术发明和改良过程社会化，并从事技术推广工作，实际上是国家为垄断组织提供科技成果，便于其进一步扩大生产，获得更多利润；政府使用国家财政预算为某些部门产品开辟市场，通过货币和金融政策刺激内需，扩大生产，并实行对资产阶级有利的收入分配政策；对工人阶级和普通市民实现社会福利政策和社会救济，以确保阶级矛盾不会升级；国家运用税收、折旧和各项补助金办法，调节各部门的生产、流通，拟订全国性的经济发展长期规划；国家作为社会的代表签订双边的、多边的经济协定，如关税及贸易总协定等，促进资本和商品输出。

国家垄断资本主义随着时代的发展，其形式也越来越多样化，但无论形式如何改变，它的实质都是为了调节资本主义制度的固有矛盾而进行的尝试，它既不能改变资本主义的矛盾性质，也不能掩盖帝国主义的基本经济特征。

第六章　当代资本主义的发展趋势

当代资本主义进入国际垄断资本主义阶段，跨国公司成为世界经济的主导力量，生产和资本的集中正在形成全球寡头垄断市场，资本家国际垄断同盟的形式更加高级化，以美国为首的西方发达国家建立了以综合国力为后盾的全球霸权。资本主义在生产力、生产关系和上层建筑诸方面发生了明显的变化。

第一节　当代资本主义与经济全球化

经济全球化是当代资本主义经济发展最主要的趋势和变化，它的萌芽可追溯到 19 世纪中叶，当时马克思和恩格斯就指出资本主义全球化在资本主义历史阶段是一种客观规律，它是必然会发生的。在资本主义发展史上，经济全球化经历了自由资本主义时期商品贸易的全球化和垄断资本主义时期金融资本的全球化两个阶段。19 世纪末，由于技术的进步，交通运输的工具和动力操作系统有了很大改进，铁路的修建也随着殖民主义的盛行而延伸到了世界各地，交通方式带来的便利条件使资本主义各国的大规模商品输出成为可能，而后又随着交通运输费用的下降，资本主义各国在国际商品贸易中开始活跃。20 世纪初期，资本主义世界发展史中迎来了第一次经济全球化趋势，这也是资本主义自由贸易达到顶峰的时期。它在国际经济中建立起了最初的商品生产和原料供应的地区与国家间划分，将经济落后的大多数国家卷入了资本主义经济体系中，实现了人类历史上第一次大规模的跨国界经济交融。但这一阶段的经济全球化内容比较单一，参与的国家分工明确，实际上就是殖民国压榨和剥削被殖民国家的过程。资本主义国家间的经济贸易来往也局限于生产商品的各种贸易活动。这种国际经济交往很快就被两次世界大战所打破，战争切断了经济交往的和平方式。战争期间，资本主义各国的经济发展也停滞下来，一切生产都为战争的胜利所服务，因此这一阶段的经济全球化非常短暂，没有发展的空间。在二战后，欧洲各帝国在经济、军事、政治、社会生活等方面均受到重创，经济发展都是以尽快恢复国家正常化运行为目的。国际形势也不容乐观，美国和前苏联两个在战争中成长起来的超级军事大国处于长期冷战状态，双方阵营中的国家都不可能进行正常的贸易往来，世界经济融合和全球化在这一时期也无从谈起。直到 20 世纪 80 年代末，苏东剧变后社会主义国家纷纷开始尝试外放型经济路线，其中最有代表性的就是中国，这时欧洲等老牌资本主义国家也恢复了其经济势力，并通过区域一体化等政策迎来了国家经济发展的新黄金时期，美国成为了引领世界发展趋势的超级大国。在这种时代背景下，全球经济进入了一个高度融合期，全球经济体系在各国突增的贸易往来和金融交往中成长起来。20 世纪 80 年代的全球贸易规模是 70 年代的两倍，全球经济贸易额在各国国内生产总值中的比重上升了近7%。第三世界国家和发展中国家开始尝试对外放开和经济改革，为经济全球化进一步消除了贸易壁垒，实现了真正的全球经济大融合。

经济全球化对传统生产关系和模式的转变。经济全球化为世界范围内的生产资源、技术、劳动力、资金等生产资料提供了再分配的巨大市场，同时它也改变了传统的生产关系和生产模式。在国际经济分工中，与发达国家产业结构调整相适应的混合型国际分工模式渐渐取代了传统的线性分工模式。发达资本主义国家从以商品生产为主导的产业结构转向了信息产业发展阶段，传统制造业的生产力分配在全球范围内重新配置，全球化为产业分工和制造业的分割提供了广阔的空间。例如，苹果公司，这是现在世界知名的移动通讯设备制造与服务企业。它的总公司设在美国加州，主要生产电话、计算机、移动传播设备等产品，并提供相关产品的配套服务系统及其设计、销售。苹果公司的发展充分体现了跨国公司利用经济全球化的资源，实现了公司的管理、产品设计、系统和软件开发、产品生产和销售的分离。苹果公司的产品设计和开发工作在其总部美国加州完成，其产品的生产和组装均由第三方制造商承担，这就意味着我们使用的 iphone、ipad、ipod、imac 等苹果公司的产品，其成品来自于世界各地，美国、德国、中国、韩国、日本、菲律宾等国都是苹果公司产品的重要产地。另外一个例子是波音公司，它是全球最大的飞行机械制造商，其产品涵盖军工、民用、商用等不同领域，其总公司位于美国芝加哥。波音公司的波音787梦想飞机的零部件和子系统依靠全球采购，主要部件供应企业包括澳大利亚、加拿大、中国、意大利和日本，可以说全世界都是波音787的产地。同时，发展中国家的工业化进程也从"一国行为"转变为"国际行为"。

经济全球化的核心内容。经济全球化使世界各国联系更加紧密，相互依赖的程度也越来越深，现阶段经济全球化已经不在是经济发展的趋势，而成为世界普遍联系的一种主要方式，其核心是资本的全球化。列宁在分析帝国主义的基本经济特征时指出："金融资本的密网可以说确实是布满了全世界。在这方面起了很大作用的，是设在殖民地的银行及其分行。金融资本是一种存在于一切经济关系和一切国际关系中的巨大力量，可以说是起决定作用的力量。"由于帝国主义的实质没有改变，而经济全球化的操控者实际上也正是帝国主义国家，因此列宁对于银行和金融业作用的论断之于现在的世界经济本质仍是正确的，当代资本主义发生最深刻的变化仍是在金融领域。金融垄断资本无所不在的事实，使得垄断资本主义发展到了国际金融垄断资本主义阶段，资本主义全球化也进入到了第二个阶段，即金融资本的全球化。目前，经济全球化正是以资本占有更多剩余价值为目的的全球化，无论在何时何地，以什么方式进行投资，其目的都是为了获取最大利润，经济全球化就是资本国际化，也正是资本国际化推动并造就了经济全球化的进程。在金融资本全球化方面，最明显的是国际贸易的迅速扩大，已经超过了生产的增长速度。1985－1995 年，世界贸易额年均增长约 5.5%，为同期世界生产平均增长率的两倍。经济的金融化进程开始于 70 年代中后期，90年代进入了大发展时期。全球的金融、证券市场得到了空前发展，国际信贷和资金流动金额也大大超越以往的任何一个时期。在国际资本流动过程中，资本主义各国财团、金融寡头和国有企业直接投资在国际市场中的金融资本对国际经济关系起着越来越重要的作用，它已经构成经济全球化的基本要素之一。

另外，为资本全球化带来飞跃发展的是信息技术的大变革，特别是美国 90 年代展开的信息高速公路计划的发展和互联网的开发与应用，使资本流动跨越了时间与空间的界限，并在交易速度上发生了质的变化。信息技术的发展为金融、证券业的交易方式铸就了里程碑式的变革，全球化、即时性和电子化的交易模式成为现今全球经济发展的基础平台，每一个企业都在全球网络中衡量着自己的生存空间。

金融资本全球化的特点。在经济全球化发展过程中，资本特别是金融资本的全球化流转呈现出 3 个新特点。一是几乎所有国家和地区或主动或被动地加入到全球金融活动中，金融资本流转的数额越来越大。二是依托电子交易平台而产生的资本流转速度越来越快。同时，由于大量金融信息的涌入和操作的即时性，市场调控的滞后性也明显的显现出来，导致其增值的空间难以预料，有时增长过快，金融风险和金融泡沫就随时存在于交易当中。三是金融的流转行为带上了社会和政治色彩。在国际金融垄断资本主义条件下，它不仅包括由国际货币的交换关系而构成的货币汇率体系，而且还包括由政府与银行分享信贷、编排利益分配而结成的政治经济结构。既得利益者和掌握权力者改变了金融交易过程中参与者之间的权力关系。当代金融资本演化的核心并不在技术上，而是在其产生的社会和政治意义上。

经济全球化是近代资本主义对外扩张并统治全球的过程，是以欧美发达国家为首的资本家利用其资本和技术的优势，进行资本的国际扩张，在全球范围内获得利润，对全球财富进行重新分配的过程，是资本、商品、服务、劳动以及信息超越市场和国界进行交换和扩散的现象。资本冲破国界的限制，使资本主义国家的资本更大限度地在全球范围内进行了有效配置，便于获取更多的世界财富。为此，西方发达国家凭借其经济、科技、文化、大众媒体等国内外资源和优势，竭力推进资本和贸易自由化为主的经济全球化进程，力图将更多的发展中国家卷入全球经济和市场中来。

经济全球化为资本主义国家的经济发展和资本输出提供的巨大的市场和扩张空间，每一个进入全球市场的单元都可以成为资本家榨取利益的对象，这种开放性对资产阶级构成了不可抗拒的诱惑，同时也使资本主义的固有矛盾更加尖锐化，其生产方式在经济全球化的过程中呈现出了新特点。

首先，资本主义的基本矛盾由单一化向全球化、综合性发展。传统资本主义矛盾集中爆发的表现是由生产过剩引起的经济萧条和经济危机，一般只在本国内发生，影响不会扩散至他国，相对产生危机的原因比较单一。而进入经济全球化的时代，国家资本与个人资本都投身于一个国际大市场中，且没有任何政府性调节措施，资本在社会化、自由化和国际化的作用下追求无限扩张。但这种资本的扩张与资源的有限性和市场容量的局限性相冲突，就会导致资本积累的度过膨胀与消费需求不足之间的矛盾，并且这不是一个国家的事，而是参与到资本竞争的每一个利益集团的事，它们包括了资本主义国家及其私人财团、跨国公司和大量的发展中国家与地区。这样就使矛盾在不同的国家和利益集团中展开，受到来自不同国家的政策和国际市场走势的影响，同时，又没有国家强制性的调控手段和干预政策来解决其矛盾，这就使资本主义的生产矛盾在全球经济中变得更加复杂，难以解决。另一方面，全球金融体系在进入到完全虚拟化阶段后，呈现出更加脆弱的一面，以金融体系为主要经济支柱的现代资本主义国家在受到金融危机的席卷后，不仅对国家经济造成重创，随之出现的社会危机、政治危机等多层次并发的连锁反应给国家各方面都构成了灾难，且难以在短时间内扭转危机造成的经济和社会价值损失。如 2008 年全球金融危机造成欧洲多数资本主义国家经济低迷至今，美国在此基础上又爆发了国内的次贷危机，导致大型金融财团的破产和国内失业率的居高不下。

次贷危机是由美国次级抵押贷款市场动荡导致的全球性金融危机。次级抵押贷款是指一些贷款机构向信用程度较差和收入不高的借款人提供的贷款。2007 年末美国大量次级抵押贷款机构破产、投资基金被迫关闭引起全球股市剧烈震荡，私人银行面临破产危机，全球金融市场萎靡，2008 年全球金融危机全面爆发。

与以往传统经济危机有所区别的地方在于：一方面，由次贷危机造成的损失充满不确定性，这种不确定性使这场起源于美国的危机波及全球，全球金融体系受到的巨大冲击和实体经济遭受的损失难以估量；另一方面，经济全球化的今天，全球经济之间的联系日益密切，次贷危机中风险的承担者也是全球化的，中国也难以在这场席卷全球的金融风波中独善其身，中国的经济发展也受到次贷危机不可低估的影响。举个简单的例子，中国的外汇储备当中，有相当数量的一部分是美国企业债券，假如这些美国企业在次贷危机中破产倒闭，那么就意味着，中国存在可能无法收回这部分借款的风险。

次贷危机对美国经济的打击是十分沉重的，危机之后美国一直在致力于从危机的漩涡中摆脱出来，美国政府相继采取了一系列应对措施，如大幅注资、连续降息和直接干预等，但都收效甚微，并不能从根本上解决问题，美国的经济发展速度变得非常缓慢，同时社会问题丛生，如失业率升高、社会福利减少、社会不公平现象等，使美国至今仍然不能完全走出次贷危机的阴影。从次贷危机的影响中我们可以得到一点启示："金融调控政策必须顺应经济态势，符合周期性波动规律；应在加强金融监管、健全风险防范机制的基础上推进金融产品及其体系创新；应抓住有利时机，鼓励海外资产并购，优化海外资产结构，分散海外资产风险。"①

其次，发达国家与发展中国家的矛盾愈发国际化、尖锐化。资本主义的社会危机在一战前资本主义国家的矛盾主要表现为国家内部的阶级矛盾导致的社会危机。二战后，尤其是经济全球化得到大发展后，资本主义国家的主要矛盾随着全球扩张已经跃出了国内社会矛盾，而愈发向国家间矛盾转变。这种矛盾主要表现为发达国家和发展中国家难以调和的利益矛盾，有人将其概括为"南北矛盾"。这种矛盾的形成和急速恶化主要是由于资本主义生产方式和生产关系的全球化过程中，发达国家与发展中国家的经济交往处于不平衡、不对等的状态，其实质是资本主义的劳资剥削关系国际化。南北发展的极度不平衡也成为资本主义发达国家与发展中国家在国际经济关系中的突出矛盾，它加深了南北国家间的贫富差距，由经济矛盾所导致的政治矛盾、文化冲突接踵而至。资本主义国家在主导经济全球化过程中所引起的国家主权弱化，生产过剩，生态与能源危机等一系列问题也都跨出了民族国家的界限，成为了国际问题，造成了很多地区的矛盾冲突不断，甚至战火连年，最终也会反馈回资本主义世界内部。

最后，随着经济全球化的发展，资本主义国家内部的阶级矛盾

---

① 裴平，李健旋. 美国次贷危机的成因及其启示 [J]. 江海学刊，2009（01）.

和阶级对立日甚，社会问题日益突出。随着劳动、资本、产品的流动加速，资本大量外流，国内投资逐渐减少，产业饱和及新技术的开发使就业岗位增长缓慢，造成大规模的失业，使领取失业金和救济金的人数骤然增多，国内贫富分化的差距进一步拉大。国内资本大量流往海外，国内市场日渐空虚的现象在经济全球化后成为资本主义国家的一种常态，为了避免高税收和低收益率，大企业纷纷减少在国内的投资和生产规模，将大量实业转往海外发展中国家，这使资本主义社会持续高失业率，工人阶级生活不复以往宽裕，生活质量的下降必然引起民众的不满情绪，使社会矛盾激增。而政府税收的减少也难以维持过高的福利投入，这就使缓解社会矛盾的方式进一步弱化，社会秩序的可控性逐渐下降。法国在这方面最为明显。欧洲国家一直奉行福利国家原则，但由于法国经济的持续低迷和海外资本对国内经济拉动的无作为，政府税收下滑严重，财政收入不足以支付高额的社会福利费用，因此法国废止了多项福利政策，对失业人员的救济金也一降再降，导致国内游行不断，社会购买力下降，给经济发展带来恶性循环，工人阶级与资本家阶级的矛盾较过去更为突出。

　　资本主义在进入经济全球化时代后，由于遇到了来自国内和国际的多重矛盾挑战，开始了新一轮的政策和制度改革，其实质还是在资本主义制度框架内设计一套能够缓解这些矛盾发展的方案，为了适应时代的变化，资本主义国家也在不断调整生产方式和国家政策，但这并没有改变资本主义制度的性质，资本主义的固有矛盾及其阶级矛盾在全球化的今天仍然是不可调和和解决的。

第二节　国际垄断资本主义

二战后，特别是进入新世纪后，由于信息技术、能源技术等科技革命所带来的改变，使世界进一步融为一个整体，各个国家都在国际市场中建立了深刻的甚至是赖以生存的联系。资本主义市场通过经济全球化的发展逐渐转变为世界市场，在国内占据生产和金融资本垄断的集团也冲破了国界的限制，将其枝叶伸展到了国际市场中。但其帝国主义的特征和本质并没有消除，在这种资本全球化扩张中，资本主义的唯一目的就是继续在更广阔的的市场中攫取利益，而在经济全球化的背景下，其攫取利润的手段更加隐秘和多样化。但不论采取何种手段和方式，资本主义在全球市场和经济发展中生存的基础，依旧是帝国主义式的抢占和掠夺资源与市场，这是由帝国主义本质和特征所决定的。在现代国际社会中，帝国主义国家不能再以赤裸裸的武力手段瓜分世界、抢夺殖民地，那么它们就需要建立起一套对帝国主义有利的国际经济体系，以实现在全球经济中的垄断地位，获得垄断给它们带来的巨额利润。国际垄断资本主义就在这样的现实要求下发展起来了，其直接原因就是冷战后国际经济的大融合与经济全球化体系的建立。在经济全球化的过程中，其引导者和规则制定者都是资本主义国家，因此国际经济体系的形成必然使利益倒向资本主义国家，其推行的经济发展方式也使资本主义经济发展方式全球化，这就形成了资本主义国家主导的全球经济体系。国际垄断资本主义在这种大环境里有了充足的发展根基，其发展规模和速度都异常迅猛。如今，庞大的国际垄断资本几乎控制了国际经济的各个领域，甚至对全球经济的发展趋向起到了决定作用。进入资本主义的国际垄断时期，各国的大公司和大财团都不再满足国内的经济份额，而将寻求在国际市场中的垄断地位作为发展的目标。当今，国际垄断资本已经渗入到生产、投资、贸易、金融、科技、能源等各个方面，几乎无孔不入，无所不在。有时，一个国家的经济形势都会受到渗透于内部的国际垄断资本的影响，国际经济秩序的资本主义化将资本主义国家内部的大型垄断组织推向世界，资本主义发展的新特征之一便是迎来了国际垄断资本主义时代。

经济全球化的确立和世界市场的真正形成是国际垄断资本主义发展的核心条件。当今，无论国家大小，是否发达，经济是否繁荣，都或主动或被动的受到国际垄断资本的强大影响或控制，几乎所有国家的人民都通过互联网等多媒体信息渠道同国际经济发生着普遍联系，越来越多的大型网络商城都开通了跨越国界的销售业务，世界每一个国家的人民都在不同程度上消费着跨国垄断集团的产品，这些产品有些是有形的，有些是无形的，例如各国观众对美国大片的消费。在消费的同时，资本主义国家的生活态度、行为观念甚至意识形态也都通过各种各样的方式渗透到他国人民生活中。总之，国际垄断资本通过各种跨国公司和贸易组织、国家联盟在很大程度上控制着世界经济命脉，影响着世界各国的经济发展和社会生活、人民消费。

国际垄断资本主义的实质是在资本国际化流动中实现不断增值，它也是资本扩张的最高阶段。它是以资本在国际市场的直接投资为主要内容，以生产、贸易、信贷等国际化发展为主要资本投资形式的货币资本国际化运动，并在这一运动中实现其价值增值和垄断利润。这种国际垄断资本与帝国主义初期的私人垄断资本相比，已经从国家的范畴中解脱出来，它几乎超越了国家主权的限制，甚至影响了国家的内政外交策略。

国际垄断资本主义的基本特征，是其本质的具体体现。列宁在《帝国主义是资本主义的最高阶段》一书中把帝国主义定义为"资本主义的垄断阶段"。他特别强调生产垄断和金融资本的发展是帝国主义的最重要特征。列宁的这篇论述帝国主义的经典文献距今已经90多年，这期间世界发生了许多重大的变化，但历史证明列宁的分析和结论仍是正确的。除了"把世界上的领土瓜分完毕"以外，其他几点列宁论述的帝国主义特征都以新的形式发展到了极致。第二次世界大战后，随着旧殖民体系彻底瓦解，帝国主义国家不得不被动的解放其殖民地，但帝国主义国家也不会允许其发展的经济基础就此消失。依然通过新殖民主义的种种手段，例如经济渗透的方式、国际援助的方式、甚至是小规模的军事干预手段，去践踏弱小国家，掠夺它们的资源、特别是能源，这再一次说明帝国主义的本质不仅没有改变，反而变本加厉。

列宁指出，进入帝国主义阶段，"瓜分世界的资本家国际垄断同盟已经形成。"在那时，国际垄断同盟还是国际托拉斯组织。进入国际垄断资本主义时代，国际垄断同盟不仅没有消失，还以新的形式更多的占据了国际市场和国际社会中的垄断位置，主要分为两种新形式：跨国公司和国家经济联盟组织。

作为现代国际垄断同盟的主要表现形式，也是国际经济领域中，占垄断地位最广的单位——跨国公司，是私人国际垄断组织的主要形式。它不同于传统的各国大垄断企业瓜分世界的同盟，而是一个独立的国际性垄断企业。它是通过直接投资、转让技术等活动，在国外设立分支机构或与当地资本合股拥有企业的国际性公司，或通过资本、技术、知识产权等控制所在国的公司，通过总公司控制世界范围内的生产、销售和其他业务活动。跨国公司实际上就是一种变形的国际垄断组织，它以总公司为管理核心，将其子公司遍布于世界各地，成为一个庞大的跨国集团，在各子公司的所在地力图垄断该地的所有与之相关的产业，甚至排挤、吞并当地的同类小企业，若不遇到国际规制或当地的约束，其发展则会演变为垄断当地的产业系统，最终决定该地区该产业的生死存亡，在一些重要的生产领域，若是出现跨国公司垄断生产的现象，就会触及当地的经济发展和权力体系。

20 世纪 60 年代，跨国公司首先在美国发展起来，其发展初期主要将子公司设立在资本主义直接内部，尤其将主要精力投向欧洲各国。战后，美国启动了"马歇尔计划"，投入大量资本援助欧洲经济复兴，其目的是在经济上控制欧洲各国，使其不能再对国际局势产生重大影响，巩固自身的超级大国地位。但援助计划却是美国的各大企业纷纷向欧洲国家注资，设立子公司或直接开办工厂，这些企业逐渐成为第一批跨国企业。到 60 年代中后期，逐渐从战争的创伤中复原的各资本主义国家，尤其是欧洲的英国、法国、德国等曾经的经济强国，也不满足于被美国所压制，其大财团和金融资本家也开始将企业向海外拓展。70 年代初期，跨国公司的数量已经达到 7000 多家，主要来自于美国、英国、法国和德国，到 1971 年时，各国跨国公司的国外产值已达 5000 亿美元，约占 1971 年各资本主义国家国民生产总值总额的 1/4。有的跨国公司的年收益甚至超过了一个发展中国家的国民生产总值。到 20 世纪 90 年代，由于世界市场的成熟，经济全球化的迅猛发展，各大跨国公司的竞争更加激烈，

　　为了适应市场的变化，一些跨国公司跳出国家范畴，实行跨国公司间的强强联合，以强化其在国际市场中的竞争力。90年代末期，更是掀起了一股跨国公司合并浪潮，其中涉及多个巨型国际财团，如美孚公司、英国石油公司、美国电话电报公司和奔驰公司等具有国际重要影响力的大型跨国公司。其合并的金额之大，涉及的领域之广，足以影响国际金融市场的走势。这种合并趋势说明了国际垄断资本的进一步集中，国际垄断巨头的垄断程度又有了很大的提高，使其在国际经济发展中的统治地位越来越稳固了。

　　跨国公司的发展，不断对国际行业内部的发展产生决定性影响，越来越体现为对各国生产部门配置的影响和对各地区资源利用、开发的影响，其企业文化也渗透到了世界各地，对各国人民的消费习惯和投资方式产生了潜移默化的影响。

　　国家经济联盟组织。国际垄断资本主义发展的另一主要表现形式是国家经济联盟组织。第二次世界大战后，国家垄断资本主义顺应时代要求和资本主义社会的发展规律而开始形成，资本的扩张和联合也由私人行为转变为政府间的联合，在企业、财团联手形成国际垄断同盟的基础上，各资本主义国家尤其是欧洲各国形成了政府间或非政府间的经济联盟组织，带有政治色彩的国家间经济垄断组织开始出现。国际垄断资本的扩张形式又有了新内容。战后，欧共体的形成便是这一国际垄断形式的典型实例。美国在二战后为巩固并加强它对西欧的控制和孤立、对抗苏联，在欧洲推动比利时、法国、荷兰、意大利、德国和卢森堡在钢铁、煤炭上的经济合作。在欧洲历史上，法国和德国的大财团有着悠久的合作关系，两国的银行金融资本有着千丝万缕的联系，而欧洲钢铁和煤炭的生产中心正处于卢森堡和比利时南部的三角地带，是欧洲重工业的核心地区，任何国家的经济发展都离不开这一地区的支持。战后欧洲经济受到重创，再也不复以往的霸主地位，处处需要在美国的干预下进行恢复重建，这是有着辉煌历史的欧洲人难以接受的，因此，欧洲六国在美国的有条件的经济支援下，开始在钢铁、煤炭生产领域的合作，终于形成欧洲共同市场。六国政府于1951年4月签订"欧洲煤钢联营条约"，是欧洲大陆国家垄断资本主义国际联盟建立的标志。1957年3月，由于"罗马条约"的签订，欧洲经济共同体正式成立，欧洲国家的经济联盟进一步巩固和发展。紧接着，六国又在建立关税同盟和实施共同农业政策方面已取得了成效，在几国间协调经济和社会政策，促进商品、劳务、劳动力和资本在欧洲大陆内部自由流动，促使各国经济快速复苏和发展。70年代初，欧洲共同体又开始组织建立经济和货币同盟，并加强国家间的政治合作，向政治联盟方向迈进。1973年1月1日起，英国、爱尔兰、丹麦正式加入欧共体，成为欧洲联盟的成员国，进一步扩大了这一国际联盟的范围与实力。欧洲经济共同体拥有9个成员国后，其全部人口数量超过了美国和苏联，国民生产总值仅次于美国，出口贸易额则约为美国的3倍，黄金外汇储备也超越了美国，成为世界上最大的贸易集团和黄金外汇储备最多的持有者。欧洲经济共同体在欧洲通过签订贸易协定，建立了十七国自由贸易区，为欧洲经济一体化做了充分的准备。1991年12月11日，欧共体会议通过了建立"欧洲经济货币同盟"和"欧洲政治联盟"的"马斯特里赫特条约"，标志着欧盟正式成立，成为世界上最大的区域一体化组织，它也是资本主义世界中最大的国际垄断资本主义组织。它已成为抗衡超级大国尤其是抵制美国霸权主义扩张的不可忽视的力量。这一类国家垄断资本主义的国际性联盟实质上也是国际垄断同盟的一种新形式。

　　从资本扩张到世界市场和国际垄断资本主义形成的特点来看，无论是在自由竞争资本主义阶段还是在垄断资本主义阶段，资本家们都在拼命地进行利润搜刮，其手段随着经济发展而转变为金融资本的扩张。资本的本质就是不断地增值和扩张，否则它就不能存在。资本主义制度确立后的发展史，就是一部不断对外进行扩张和侵略的历史。在进入国际垄断资本主义以前，世界被帝国主义国家所瓜分，无论是领土还是资本，帝国主义的对外扩张和掠夺都带有强烈的军事强制性，即资本主义国家以武力手段为资本家们开拓世界市场。这种扩张把弱小国家强制霸占为自己的殖民地，然后进行经济封锁、资源掠夺。但在二战后，国际社会的公约已经不允许用暴力侵略他国，尤其在国际垄断资本主义阶段，国际市场更多地被资本、信息和技术所占领，垄断的手段更为隐秘和温和。在市场经济全球化、金融贸易自由化、各国对外开放的大环境中，只有使用合法的手段才能占据更多的市场份额，隐形的侵略则让大多数发展中国家欣然打开国门，邀请资本家们对自己的国家进行隐形的霸占。在资本、技术、信息和管理方式上占有优势的企业就以经济渗透的方式进入世界各国的国门，以为这些国家带去资金投入、技术进步，帮助这些国家提高经济发展速度为幌子，占领世界市场的每一个角落。这一时期的垄断发展其目的与帝国主义垄断时期并没有区别，只不过其手段和形式更加隐蔽，以经济渗透的形式取代了武力霸占的暴力手段而已。

第三节　美国的"新帝国主义论"

"新帝国主义论"的主要代表国家是仍然垄断世界事务的霸权主义国家——美国，也被广泛称之为美国帝国主义论。

"新帝国主义"的出现。"新帝国主义论"一词的明确出现，是在 20 世纪 90 年代初期，美国总统老布什在 1991 年的国情咨文中提出，要在全球范围内建立起国际经济、政治新秩序，并宣称美国将肩负起这一重任，承担领导资本主义世界国家建立这一新秩序的职务。此言论一出，立刻在全球范围内引起讨论，各欧洲老牌发达国家和新兴的发展中国家都对此表示谴责，老布什和美国政府的这一举动无疑是在加强美国在世界事务中的霸权地位，充当世界管理人的角色。对此，时任英国首相的希思公开表示，老布什政府想把世界美国化的想法和强权干预世界秩序的行为是"新帝国主义"的霸权行为。在美国发动具有侵略性质的海湾战争后，这种"新帝国主义"行为愈加明显，21 世纪初期，英国外交政策高级顾问罗伯特·库珀发表了几篇具有重要代表性的文章，论述以美国为首的"新帝国主义"国家的行为、手段和目的，并为其发展提供了很多可操作性议题，构成了"新帝国主义论"的理论基础。

此外，"新帝国主义"理论的出现还以美国国家领导人的公开性讲话为产生标志。2002 年时任美国国家安全事务助理的赖斯女士，在霍普金斯大学国际关系学院做了关于"反恐战争"的演讲，她认为"9·11"事件给美国带来了安全的巨大警示，作为全世界最强大的国家，美国应该把握这次事件给美国带来的巨大机遇，必须以美国的国家安全为目的建立新的国际秩序。紧接着，2002 年 6 月，小布什总统在西点军校发表讲话，他说"面对新的威胁，需要新的思维，美国必须做好必要时采取先发制人的行动捍卫我们的自由和保护我们的生命的准备"。这实际上就是以打击恐怖主义为借口控制全球的安全和军事事务，将"新帝国主义"的体系扩展到全球事务的各个领域，重拾 19 世纪中叶的霸权政治。

"新帝国主义论"产生的根源。"新帝国主义论"的兴起与冷战后国际政治经济格局、阶级力量对比大变动的新局势、美国在全球化发展中的领导地位及其国内矛盾的发展有着密切关系。

恐怖组织和国际恐怖主义的促进。20 世纪 80 年代以来，美国一直以美元垄断着金融霸权地位，并借助电子信息科技行业的发展，依托经济全球化的浪潮，扩大了其在世界经济、金融领域中的主导作用，使资本巨额增值，更加强化其国家综合实力。20 世纪 90 年代后，美国凭借其在经济、技术、军事和媒体传播上的巨大优势，成为了世界上的唯一超级大国，这使国际政治局势时常被美国所左右，各国的外交政策也带有了美国倾向。这种无人能敌的综合国力与国际影响力使美国在国际事务上扮演起了"决策者"的角色，并越来越多的开始干涉他国内政，其借口有时冠冕堂皇，有时牵强附会，但不管什么理由，这都是不合理的干涉，也是其强权政治的直接体现。但由于在国际经济和政治中的强大实力，被干涉国家通常也无计可施，只能在舆论上表示谴责。这使美国的霸权地位更加凸显，成为美国践行"新帝国主义"的立足点。而在苏联解体和"冷战"结束后，欧洲老牌资本主义大国也同时分享到了经济全球化的好处，在发展中国家推行资本主义市场经济，通过垄断资本的海外投资获取高额利润和他国资源。在这一过程中，那些被攫取财富的发展中国家却被排挤于经济全球化的边缘。在西方国家主导的国际经济体系中，过度金融投机和金融掠夺所导致的世界性金融危机使发展中国家的发展成果一夜颠覆，建设和发展努力屡屡受挫。更为严重的是，民族、宗教冲突和边界纠纷及其所带来的一系列社会问题，使这些国家常年遭受战火之扰，又被借口"援助"的外国势力占取资源。这些被帝国主义国家压榨的国家和地区，不但没有机会发展自身国家经济，还被西方国家视为影响国际秩序和安全的文明落后国家，对他们的人民予以歧视和排斥，将其边缘化处理。在这种背景下，一些国家的极端分子和原教旨主义者感到愤怒，认为自己国家的动荡、贫困都是被资本主义国家暴力干涉和掠夺所致，因此渐渐有组织地采取报复行动，对美国、英国等资本主义国家实施恐怖袭击，使恐怖主义成为国家和国际安全的新威胁。"新帝国主义论"者却认为，那些充满疾病、暴力和社会动荡不安的国家和地区，人民的愤怒和失控是极度贫穷所导致的，那种极端的报复行为和落后的军事统治都使这些国家人民道德败坏，无药可救，"新帝国主义论"者将它们归类为"失败国家"和"无赖国家"，认为这些国家和地区成为恐怖主义和恐怖分子的庇护所，对发达国家构成了严重威胁和挑战，应对其采取帝国式的管理和控制。"9·11"事件后，美国国家安全战略做出了重要调整，严正声明美国面临的主要安全威胁来自恐怖主义袭击和拥有大规模杀伤性武器的国家。美国的反恐战略将恐怖组织和支持、允许恐怖组织存在的国家都列入到了打击目标中，宣称要通过反恐战争推翻对美国有敌意的独裁政府，并且批判穆斯林国家的政治制度是腐败、落后的专政统治，这是恐怖主义产生的根源，只有改变穆斯林世界的政治制度，推翻其政权统治，并且在这些国家建立美国式的民主制度，其人民才能接受好的教育，国家经济才能发展，社会才能实现现代化，才能最终消除其反美倾向。同时，"9·11事件"后也使美国人更加坚信美国价值观，认为其他国家特别是中东国家的信仰和价值观都是邪恶的，必须使美国更加强大，来抵抗邪恶国家对美国的利益侵害和安全威胁，只有在全世界建立起对美国有利的国际社会秩序，才能保证国民生活的安全，因此美国不得不成为一个"新帝国"，"反恐"成了美国实行新帝国主义的最佳借口。为了应对和避免恐怖主义给资本主义发达国家带来的伤害和威胁，以美国为首的军事大国展开了单边、多边、联盟等不同形式的军事行动和"先发制人"的军事防御策略，实际上侵犯了许多国家的国家安全和主权完整。因此，恐怖组织和国际恐怖主义的发展及其行为的泛滥直接地促进了"新帝国主义"的发展和"新帝国主义论"的诞生。

美国式价值观的影响。在美国的社会意识中还大量存在种族主义和白人至上的思想，其宗教和历史背景又使美国人天生拥有"救世主"的观念，这些文化观念都形成了美国人的帝国情节。冷战后，这些观念和情结通过美国在国际上宣扬民主、自由、人权等普世价值而扩散出去，在对外事务中演化成特殊形态的美国式价值观，造成了其霸权思想的膨胀。在美国历史上，鼓吹白人为最优秀的人种而歧视其他肤色和种族人群的思想一度非常盛行，盎格鲁－撒克逊主义就是其中之一。到了今天，美国社会也将公民分为三六九等，白人歧视黑人的例子比比皆是。美国长期的宗教宣导和国民教育使国民形成了强烈的国家优越感，认为自己是"上帝的选民"，肩负着实现世界民主、自由的神圣使命，要将世界上每一个国家都改造得向美国一样好，使人民拥有自由和人权，这种美国式的世界成为美国人的价值追求，不论在国家权力掌握者中还是普通民众中，都有着强烈的表现，甚至有的基督教信奉者认为，美国人理应统治和改造这个世界。美国在全球范围内推行所谓"普世价值"，目的就在于将美国的意志通过文化、信仰等软渠道，渗透到与其对立的国家和地区中，从精神层面让世人接受美国和帝国主义的统治。正是这种根植于许多美国人思维中的民族优越感，为"新帝国主义论"的滋生提供了资本主义的社会共识。

转嫁国内危机的需要。20 世纪中后期，美国进入经济发展的黄金时期，金融业的过度繁荣导致金融泡沫的出现。进入 21 世纪，随着各国经济泡沫的破灭，美国爆发了世界影响性的金融风暴，随后美国经济发展停滞，金融业陷入长期的低迷状况，社会问题和矛盾频现。小布什上任后的两年里，美国道琼斯工业指数下降了 25%，失业率上升了 35%，公司和个人破产开创了美国新高。与此同时，社会福利金、退休养老金、失业保障金等指数也下滑至谷底，贫困人口数量持续攀生。社会矛盾的加剧使小布什政府不得不将其转嫁到海外，将民众的关注点从就业、股市、退休金等民生危机转移到世界其他角落，重新开始关注恐怖主义给他们来带的生命安全威胁。

随着时代变迁，传统帝国主义霸权国家的权力也转移到了新帝国主义国家手中，现在最典型的代表便是美国，从美国的新帝国主义行为中，我们可以看到帝国主义发展的新内容。

罗伯特·库珀对"新帝国主义论"内容的阐述。罗伯特·库珀把目前全球存在的民族国家和地区划分为 3 种类型，即前现代国家、现代国家和后现代国家。前现代国家是由传统帝国主义阶段的殖民地国家和超级落后的国家所构成的；现代国家是正在进入工业化大发展阶段的发展中大国和经济发展已经停滞的但工业国已经完成的资本主义国家；而后现代国家则是拥有国际话语权和支配权的发达资本主义国家。

库珀在其三类国家理论中论述了新帝国的必要性。他认为前现代国家饱受战争之苦的原因在于国家自身的贫弱，不能给国民以安定的生活环境，没有能力保障自己国家的安全，因此暴民横行，战火不断，成为当今世界秩序不稳定甚至导致国家秩序混乱的威胁来源。在此意义上，前现代国家就应该由西方发达国家组成的后现代国家集团予以整合和操控，采取类似 19 世纪帝国主义的政策，通过使用新殖民化的手段，向其输出稳定和自由。后现代国家有需要通过在自己国家内部通过法律和合作来保证其政治、经济安全和对前现代国家群体的控制。而后现代国家，如美国、英国、德国等经济、政治、军事强国，正面临着来自前现代国家的仇视和威胁，它们有必要对其进行防御性干涉，而这种干涉最有效的手段就是对其进行殖民。但这不符合现代社会的发展趋势，于是应该建立一种新的国际秩序，使后现代国家能够对前现代国家进行合理合法的控制。这其实上就是要求在国际秩序中建立新帝国主义统治。库珀说："在古代世界，大一统的帝国代表了秩序与文明，帝国外是野蛮混乱。但只求稳定的大帝国不利变化，结果被强调竞争和势力平衡的国际秩序所取代。然而，这种秩序系统内部结构并不稳定，随着 1989 年美苏势力均衡格局消失，这套秩序开始走到了尽头，一种新形式帝国又重新出现——它既稳定又容许变化，仍代表着秩序和文明。"

帝国主义价值的输出。美国的新帝国主义行为与策略已经不仅仅存在于经济层面，其内容更多的体现于帝国主义价值的输出上，其目的最终仍是获得统治世界的霸权。"新帝国主义"之所以被一些人称为价值帝国主义，是因为它被西方人民所公认，是建立在西方人普遍认可的自由民主价值观之上的帝国主义。就如前面我们所介绍到的，英国人库珀所说："在当今世界，弱国仍需要强国，强国则需要有序的世界。"正因资本主义国家在这一点上取得了共识，人民给予了"新帝国主义"存在的道德合法性，因此，他们认为这个世界的秩序只有推崇人权、民主和普世价值的新型帝国主义才能维护，全世界人民应该自愿接受其价值观和管束，通过自觉地成为帝国主义组织中的一员来共享新的世界秩序给人们带来的喜乐。美国通过这种手段推行"新帝国主义"是对恐怖主义袭击的一种直接反应，不仅要在客观上打击恐怖分子，同时再要主观上控制异己势力，渐进地同化他们，这是美国在全球形成有效的力量对比后，试图构建新的世界秩序所应用的新战略。这一战略使美国在打击恐怖主义势力和对"无赖国家"进行武力威慑、经济制裁的过程中，可以更多地绕过其他国家干涉和全球规制的束缚，而乐于扮演一个单边和预防性的角色。美国的政治家曾经提出，应该将这样的武力干涉常态化，并认为任何国家都应该承诺不支持恐怖主义活动，如果有的国家做不到这一点，那么这个国家的主权就应该被剥夺，其他国家就可以对其进行武力干涉，使其恢复"国家的责任"。这是美国"新帝国主义"和"新干涉主义"的主要表现，就是借助美国的国家势力，排除一切对美国的威胁可能性，在思想意识形态上极力鼓吹美国的民主、自由、人权，用美国的价值观改造与其政见不同的、信仰不同，或者存在利益矛盾的国家、地区，在这种方式不奏效的时候，就采取单边的武力威胁甚至诉诸武力来消除其对美国的威胁。

"新帝国主义"的特征。美国左翼学者约翰·贝·福斯特和印度左翼学者阿伦达蒂·罗伊将其归纳为："英国霸权的衰落和垄断型大公司主导的资本主义的发展。"其中包括两方面含义：一方面，资本主义的发展是永远伴随着经济扩张的，资本主义发展的不同时期，其扩张的表现和手段也不尽相同，在传统帝国主义时期，由于各国拥有殖民地，经济的扩张就是殖民地的争夺。到了世界经济体系完全开放后，这种竞争就表现在资本输出的直接表现为对殖民地原料和劳动力的控制，而资本主义世界内部的竞争也表现为对规模扩张和对其他企业的阻挠上。到了新世纪，这种竞争就表现为对边缘地区的控制权上，也就是对世界霸权的争夺。另一方面，他们认为，伴随经济的发展和竞争的变化，霸权国家也在不断发生更替，新帝国主义时期到来的标志，就是美国取代英国成为了世界的霸主。按照这样的观点和认识，可以将新帝国主义的特征总结为3点："一是跨国公司的高管和CEO们对国家的外交政策起到了影响；二是新帝国主义产生新的种族主义；三是商业媒体成为新帝国主义事业的一部分。"

"新帝国主义"者认为，帝国与霸权是同一性质的，霸权就是帝国的表现形式。在政治上，世界秩序的井然有序与社会稳定是由于处于帝国的强盛时期，而帝国的衰落的会带来社会秩序的动荡不安，因此要维护和实现国际秩序的稳定，就要发展帝国霸权。在经济上，他们认为帝国应该设计能使他们获利的国际机制和垄断国际货币的控制权，来获得所谓的"帝国的利润"。在军事上，新帝国主义论与"霸权稳定论"提出的"霸权护持模式"相同，即一旦帝国受到外部的威胁和打击，帝国有权运用武力威慑和军事干预打击侵犯其国家利益和安全的外部组织或国家，并在预计到潜在威胁时，可以运用先发制人和以暴制暴的手段，首先对可能威胁帝国安全的外部力量进行打击，取得绝对的军事优势并坚决消灭其威胁的可能性。

另外，"新帝国主义"者还主张"世界霸主"即是"世界政府"。若按这种理论行事，联合国或国际法形同虚设。但美国似乎正在践行这一主张，对其世界"一超多强"的局面似乎已经不再满足，以无端挑起战争和无视联合国宪章规定的行为和方式彰显着其"帝国"霸主的地位。美国对那些它认为不能保障其人民安全和人权的国家公开进行武力干涉，但美国军人在这些国家和地区做出侵犯别国公民人权的行为时，又不受到国际法的制约和制裁。这种双重标准只说明了一点，就是美国在用维护人权的体面借口下毫无忌惮地干涉别国内政，甚至推翻一个国家的政权，改变一个国家的社会制度。

国际社会对"新帝国主义论"的广泛批评。"新帝国主义论"出台后，引起了国际社会的广泛关注，也遭到了猛烈的抨击和批判。

约瑟夫·奈、帕特里克·布坎南等人提出，美国的新帝国主义是一种冒险的行为，推行新帝国主义会激化各种矛盾。他们认为，美国将全球的注意力都引到了自身的军事势力上，而忽视了在经济、文化和意识形态上的力量，这不利于美国保持"帝国"地位的行为长久地持续下去，因为美国人已经对战争厌烦不已。

英国《卫报》发表的社论也提出，某些人宣扬"新帝国主义论"，支持武力解决国际争端，试图重新推行殖民政策是在自掘坟墓。美国绕开联合国发动针对阿富汗和伊拉克的军事行动和军事制裁，在更深程度上激化了各国矛盾，造成更多的利益冲突和武力纷争。

伊曼纽尔·沃勒斯坦等人认为，美国并没有实行"新帝国"的实力，美国尝试实践"新帝国主义"只会带来恶果，加速恶化美国现在面临的各种困境。他们认为"新帝国主义论"是完全错误的主张，如果美国实施了先发制人的军事战略，那么就没有理由阻止其他国家也实施这一战略，那时美国将会时刻活在安全威胁之中。"新帝国主义"只能成为美国为自己设下圈套。

一些学者还从道德角度出发对"新帝国主义"进行了批评，认为"新帝国主义论"的出现和传播反映出美国的道德观和社会价值取向受到扭曲。"9·11"事件后美国的"报复行为"虽在道义上可以理解，但其行为已经超越了底线，已经完全逾越了"道德尺度"。90年代以来，美国发动的一系列地区战争都反映出美国越来越崇尚武力解决问题的倾向，这使其他国家的反美情绪不断高涨，甚至连美国的追随者日本，也在国内舆论中宣称日本应该与欧盟一道，携手要求美国在军事军备中修正其强烈的"帝国主义"色彩。

西方左翼学者克里斯·哈曼、罗伯特·吉尔平、斯特兰齐、曼瑟尔·奥尔森等人认为，"新帝国主义论"的提出恰恰反映了帝国主义国家实力的衰退，以及各资本主义国家间矛盾的加剧。美国推行"新帝国主义"，正是想以武力来达到经济上维持美元金融霸权和政治上确保霸主地位的目的。

与全球殖民时期的帝国主义相比，"新帝国主义"的理论掩护更加完备，实施手段也更加多样化，并具有强烈的价值倾向。"新帝国主义论"者一直强调新帝国可以为国际秩序带来和平、稳定，为世界带去自由、民主、人权，这种普世价值的标榜获得了西方资本主义世界普遍认可。这也是新帝国主义在文化上取得霸权地位的一种手段，一些学者将其称之为文化帝国主义。

"新帝国主义论"的实质是在粉饰资本主义大国的强权政治。按照"新帝国主义论"的政治和军事逻辑，新帝国可以随意向世界上的任何一个国家开炮开枪，只需要在将这个国家的政府扳倒后，对外宣称其政府对新帝国有潜在的威胁即可。随后在战火未尽的土地上建立期自己的傀儡政府，代为管理国民，实际上就是在实行新一轮的殖民统治。可想而知，"新帝国主义"的主张一旦实施，世界必将战火连绵，国际秩序也无从谈起，国家的主权将会遭到随时随地的侵害与践踏，而新帝国就成为世界的统治者。

第七章 《帝国主义论》的时代意义与价值

列宁的帝国主义理论并未过时，对于正确认识现代资本主义本质及其历史定位仍然具有重要的意义。邓小平曾经指出："绝不能要求马克思为解决他去世之后上百年、几百年所产生的问题提供现成答案。列宁同样也不能承担为他去世以后五十年、一百年产生的问题提供现成答案的任务。真正的马克思列宁主义者必须根据现成的情况，认识、继承和发展马克思列宁主义。"在意识形态领域，西方思潮的强烈冲击之下，我们更要坚信列宁帝国主义论的真理性，使之成为我们认识当今资本主义世界、坚定社会主义信念的强大思想武器。

第一节 对于马克思关于资本主义理论的继承和发展

马克思写作《资本论》，是以资本主义自由竞争阶段为现实基础的，直到 1867 年《资本论》的第一卷问世时，资本主义的发展也只是自由竞争发展至其顶峰时期。但是，在垄断资本主义刚刚初露锋芒、仅仅是一种发展趋势时，马克思便以唯物史观的观点和方法，通过深刻地分析了资本主义的生产方式，揭示出了资本主义社会发展的规律，并对生产集中必然导致垄断、资本输出、银行资本以及帝国主义之间的相互关系等重大问题作出了一系列科学分析和预见。尽管马克思对帝国主义的研究受到时代发展的限制，从某种意义上说，论述具体问题时也并不是很系统，但是，他的相关理论成果，仍然对列宁形成新的关于帝国主义的理论具有十分重要的意义。

列宁继承了马克思的相关理论成果，并在此基础上，运用马克思的研究方法，结合自己所处时代资本主义发展呈现的新形势、资本主义理论研究的新成果以及大量的能够反映资本主义发展现状的新资料，对于《资本论》中未能系统论述的问题，对资本主义发展到垄断阶段，即帝国主义阶段时所涉及的问题一一作出深入系统的探讨。经过科学的分析和研究，列宁证明了马克思对资本主义发展种种预见的无比科学性，对资本主义经济两个不同发展阶段，即自由竞争阶段和垄断阶段，作出了科学而正确的划分，并进一步提出资本主义进入垄断阶段、也就是帝国主义阶段的全新理论。尤其是列宁在《帝国主义是资本主义的最高阶段》一书中，对帝国主义国家之间在彼此政治经济发展极不平衡的条件下产生的那种既联合又斗争的现象的深刻分析，弥补了马克思在写作《资本论》时曾经设想但是未能如愿的遗憾，可以说，这是列宁对马克思主义理论的又一个重要发展。

列宁在《帝国主义论》行文过程中，始终坚持运用马克思历史唯物主义的方法论。对于历史唯物主义方法论的基本内涵，马克思在 1895 年 1 月所著的《政治经济学批判》序言中作出了经典论述："人们在自己生活的社会生产中发生一定的、必然的、不以他们的意志为转移的关系，即同他们的物质生产力的一定发展阶段相适合的生产关系。这些生产关系的总和构成社会的经济结构，既有法律的和政治的上层建筑竖立其上并有一定的社会意识形式与之相适应的现实基础。物质生活的生产方式制约着整个社会生活、政治生活和精神生活的过程。不是人们的意识决定人们的存在，相反，是人们的社会存在决定人们的意识。"列宁认为，历史主义和辩证方法二者是统一的，即"在历史主义的方法中涵盖着辩证方法的原则，在辩证方法中涵盖着历史主义的内容"。列宁基于历史唯物主义的原则，以辩证方法的分析方式，揭露帝国主义的经济实质，在批判资产阶级学者认识和评价帝国主义战争性质过程中所采用的主观唯心主义方法论的同时，对帝国主义进行了全面的、有效的实证分析，使其关于帝国主义的理论独具特色而具有原创性，不但奠定了其产生后百年间对帝国主义研究的基础，而且在全球化时代仍然可以让我们正确认识现代资本主义本质特征及其发展规律。这不失为对马克思主义经典理论的一种继承和发展。

另外，值得一提的是，列宁在写作上也坚持了马克思的写作观，即书籍、文章等作品文字表述力争通俗易懂。马克思主义理论的经典作家们，总是致力于使自己在作品中所阐述的思想观念能够为更广大的人民群众所理解与接受。在这一过程中，能否使理论观点在文字表述上通俗易懂成为实现这一目标的关键。列宁将抽象、复杂的经济关系作出具体、简单的"通俗的论述"，为他的关于帝国主义的理论和思想的广泛传播打下基础，并使之产生重大而深刻的影响，为其成为帝国主义和无产阶级革命时代最伟大的认识成果之一创造了有利条件。

第二节 把握现代资本主义的
基本特征的核心线索

列宁在《帝国主义是资本主义的最高阶段》一书中，指出不同时代的帝国主义建立在不同的经济基础之上，并总结了当时资本主义发展到帝国主义时期所具有的五大经济特征，概括来说，帝国主义最主要的经济特征就是生产与金融资本的私人垄断。在此基础上，列宁进一步论述了帝国主义的垄断统治以及它们是如何运用暴力等手段来瓜分世界的。

列宁所概括的帝国主义基本特征和对帝国主义的描述，在二战后，特别是 20 世纪 90 年代，美国与前苏联以及它们盟友之间将近半世纪的"冷战"结束后，随着资本主义经济和社会危机导致的国家政策调整和国际化浪潮的发展，其特征的表现形式较战前发生了比较大的改变。在这一阶段中，随着世界无产阶级社会革命和民族解放运动的高涨，世界殖民体系逐渐瓦解，以殖民扩张的方式瓜分世界领土的恶性已经不再符合时代的主题。进入 20 世纪 70 年代以来，时代的主题发生了巨大地变化，由战争与革命转变成为和平与发展。如前文所述，在战争与革命的时代主题之下，由于战争引起革命，通过革命制止战争，世界无产阶级充分利用战争与革命之间的关系，切实把握战争为革命创造的历史机遇，实现了无产阶级的空前胜利，实现了社会主义同资本主义并存于世、彼此发展的新时期。而在二战后，资本主义国家加强了国家对社会经济生活的干预和调节作用，从而缓和了国家内部的各种矛盾；帝国主义国家之间也在协调相互之间的关系，使彼此之间的矛盾和冲突的形式也发生了深刻的变化。一方面，随着世界经济与科技的发展，帝国主义国家之间的矛盾和冲突，不仅仅表现在军事摩擦与对抗上，同时也出现了彼此间在经济、技术方面展开的激烈竞争；另一方面，帝国主义国家似乎也意识到了战争与革命的关系，他们更多地采取相互协商等相对和平的而不是直接采用非和平的、甚至用战争的手段和方式来处理、缓解彼此之间矛盾和冲突。因此，无产阶级充分把握的革命形势就失去了战争爆发这一前提条件，而世界就此也进入了一个相对和平的状态。

与此同时，世界范围内维护和平的力量在不断增长，反对战争维护和平的呼声浪潮席卷全球。随着时代的发展和进步，世界各国人民都表现出反对战争的态度，更加对为争夺世界霸权大搞军备竞赛而对世界带来的战争威胁表示不满与不安，维护世界和平的运动空间高涨。世界人民越来越多地注意到并享受到和平发展带来的益处，世界各国也都逐渐意识到发展对于国家的重要性。在这一问题上，维护和平实现发展已成为世界共识。发达的资本主义国家谋求在当前发展状态的基础上实现更大的发展；社会主义国家自始至终就把发展作为第一要务；尤其是许多第三世界的国家，刚刚摆脱殖民统治和民族压迫实现独立和解放，为巩固民族独立和国家主权、改变自身仍然贫穷落后的面貌，更加努力维护世界和平环境，积极谋求国家民族发展。因此，世界各国繁荣与进步的发展问题也成为时代主题之一。随着这一系列的深刻变化，标志着时代的主题已经由战争与革命转变为和平与发展。

但是，时代主题的变化，不等于帝国主义的基本特征在资本主义发展至今变得不复存在了，而是仍然存在并且在各个方面都发展到了极致。随着苏联解体冷战结束，世界两极格局中的美国"一极"还在，美国一直主张以美国为单极霸权为中心的国际秩序，凭借自身在经济、政治、军事、文化等诸领域的绝对优势，在全世界范围内确立了唯一超级大国的领导地位。而随着欧洲国家和日本在战后得以恢复、俄罗斯实力复苏以及中国等一大批新兴国家的不断崛起，使世界格局朝着多极化的方向发展，并且这种多极化的趋势愈发凸显。然而，世界格局的多极化发展并没有改变帝国主义的本质，当今世界仍然为以美国为首的西方帝国主义国家所主导。如前面我们所提到的，帝国主义国家资本输出形式和垄断行业的转变，新殖民主义的隐形发展等都进一步掩盖了传统帝国主义的侵略与剥削性质。我们应当清醒地认识到当代帝国主义国家正在以新的借口和手段继续瓜分世界财富和剥夺发展中国家的自由与权力。

时至今日，国际垄断资本的阴影已经笼罩了全世界，资本主义垄断的形式已经由列宁时代的私人垄断阶段，经过国家垄断阶段的深入发展而进入到了国际垄断阶段。在垄断资本国际化和市场经济全球化的今天，主宰世界经济的仍然是庞大的垄断组织和金融寡头。这就意味着垄断资本之间必然存在的矛盾和斗争到了不可调和时，危机便随之而来。近些年爆发的全球性资本主义经济危机正说明了当初列宁对帝国主义基本特征的分析与判断，放在今天也仍然适用和正确的。尽管当代资本主义发展的形式有所改变，但是，我们仍然可以运用列宁的帝国主义论来透视当代资本主义发展出现的新变化和新特点。列宁关于帝国主义的基本理论对于我们正确把握当代资本主义的基本特征仍然具有重要的理论与现实意义。

第三节 清醒认识资本主义制度的本质和发展历程的思想指南

列宁通过对 19 世纪末 20 世纪初资本主义发展状况的分析，总结出资本主义发展到最高阶段所呈现出的基本特征，揭示出帝国主义经济的本质就是垄断替代了自由竞争而在经济中占据统治地位。同时，他指出帝国主义的垄断本质决定了它的历史的必然走向，即腐朽和寄生的、垂死的资本主义最终必将为社会主义所取代。

当代资本主义的本质并未改变。当代资本主义在发展过程中，作出了重大调整以适应时代的发展需要，因此呈现出许多与列宁时代不同的发展形式。但是，无论怎样调整，都是在资本主义制度不变的情况下作出的"局部调整"，也就是说，当代资本主义与列宁时代的资本主义在性质上并未发生根本转变。资本主义发展的这种当代调整，例如，加强国家对经济的干预、提高社会福利待遇等，在一定程度上，的确起到了促进社会生产力进步、缓和资本主义基本矛盾的作用，使其在相当长的一段时期内保持了基本稳定的发展。也正是由于资本主义在当代有了深刻的发展，西方一些学者，将这一时期的资本主义称为"新帝国主义"，其目的在于粉饰和掩盖帝国主义强权政治。

不论"新帝国主义"在内容上有什么变化，行为多么隐蔽，但其实质还是以垄断为特征的帝国主义。从全球视角来看，"新帝国主义"仍然是对垄断帝国主义和霸权国家的强化。"新帝国主义"就是传统帝国主义国家在不满足于经济扩张手段的前提下，借由打击恐怖主义活动而要求建立带有军事管制色彩的新型国际秩序，其目的就是要逾越国际法和国际公约来单独控制边缘国家和地区，从而进一步威慑与他们利益有冲突的国家，最终建立以美国为首的霸权国际体系。

"新帝国主义"虽然在时代背景和理论支持上都与传统帝国主义有所区别，但究其本质而言，并没有任何改变。在经济上，新帝国主义在国际垄断资本主义的背景，通过跨国公司，国家间经济合作组织和贸易联盟等形式更加彻底地实现了对国际市场的垄断，而且这种经济垄断还带有文化渗透的作用。在军事上，虽然新帝国主义还有没发动大规模的侵略战争，但美国高举打击恐怖主义的旗帜，对所谓"邪恶轴心""无赖国家""流氓国家"的过度打击，对敌对国家采取的军事打击和经济制裁都体现着帝国主义的侵略本性和霸权政治。在政治上，列宁曾指出："帝国主义的一个重要特点，是几个大国都想争夺霸权，世界霸权是帝国主义政治的内容。"时至今日，列宁的这一论断更加明显地体现在资本主义世界内部，对世界霸权的争夺和诋毁上，西方国家阵营内部正在因为相互矛盾的加深而逐渐瓦解。在文化上，利用经济、军事、道德舆论、价值观输出和互联网、媒体传播等多种手段对非资本主义国家实行思想同化，这是对一个国家精神层面的侵占。我们以美国为例来看一看，美国的文化是如何发挥这种影响力的。美国的流行文化对我国的青年人来说并不陌生，美国的影视作品不仅对中国的年轻人来说耳熟能详，对全世界的年轻人来说都不陌生。为什么会造成这种现象？因为美国的大众文化传播和输出几乎覆盖了全世界，美国控制了世界75%的电视节目生产和制作，许多国家的电视节目中美国节目占到60%～70%，有的占到80%

以上。美国在这些媒体文化、流行文化中植入的是美国的价值观、美国的制度、美国的文化以及美国的生活方式。在这些文化商品传播过程中，就会使人们渐渐的开始接受美国的价值观和制度体系并向往美国的生活，这就是现代资本主义国家在文化领域对非资本主义阵营的国家进行的观念渗透和价值观殖民，通过看似不具重大影响力的流行文化进行思想同化。

正确认识资本主义的"垂死性"。垄断仍然是资本主义一切矛盾和危机的根源，这就决定了当今的资本主义仍然是寄生和腐朽的、过渡和垂死的资本主义。尽管资本主义的当代发展所呈现出的是"腐而不朽""垂而不死"，甚至有时给人以"死而复生""绝处逢生"之感，但是，这并不能说明列宁提出的"帝国主义是垂死的资本主义"这一论断对于当今的资本主义失去意义，更不能说明列宁的帝国主义理论已经过时。所涉及的问题其实就是在当今时代背景下，如何来看待帝国主义的"过渡性""垂死性"的问题。列宁曾经说："不难理解为什么帝国主义是垂死的资本主义，向社会主义过渡的资本主义，因为从资本主义成长起来的垄断已经是资本主义的垂死状态，是它向社会主义过渡的开始。"从这句话不难看出，列宁所说之"垂死"，并不是一般字面意思理解上的"很快就会灭亡"，而更多地是在强调这种"垂死状态"向社会主义"过渡"是一个历史发展的过程，显然这个过程"将延续多久，我们无法断言"。

资本主义国家也不断在发展的过程中总结着实践中的经验和教训。在长期的化解危机、寻求出路以及同社会主义阵营的对抗中，进行过多层次、多方位的自我调整与改良，甚至是借鉴和吸收许多社会主义国家的做法，在一定程度上适应了社会生产力和时代发展的现实要求，因此，资本主义的这种自我调节的能力使当代资本主义仍然能够表现出强大的生命力。2011 年 9 月，美国爆发一场轰动世界的"占领华尔街运动"。这是一场由美国民众组织并发动的抗议活动，示威者通过互联网组织起来，扬言要占领华尔街并把它变成埃及的开罗解放广场。在此后的 10 月至 11 月间，这场占领华尔街的抗议活动初步升级并发展成为席卷美国 150 余座城市的群众性社会活动。示威者要求改变生活状态，谋求更好生活，并试图通过这样的举动来影响美国政府的一些决策。从某种意义上来说，美国人民在当今时代不断鼓吹民主、平等、自由的美国发动这样一场运动，其根本原因仍然源自资本主义的本质。只要资本主义制度存在，就无法改变"金融巨头利用金钱收买政治"，并对美国经济政治决策产生绝对影响力，使各种政策更加有利于少数利益集团或金融寡头，而不能以美国民众的切实利益需要作为出发点，必然导致社会贫富差距不断拉大。但是一位"占领华尔街"的示威者称："在美国，1% 的富人拥有着 99% 的财富。我们 99% 的人为国家纳税，却没有人真正代表我们。华盛顿的政客都在为这 1% 的人服务。"在这样的情况下，必然引起国家社会矛盾日益加深，使国家内部阶级矛盾激化、阶级对立升级；而资本主义制度的存在也就决定了资本主义经济危机的周期性发作。历次经济危机中，最大的受害者莫过于普通民众，在这次抗议活动之前爆发的美国次贷危机而引起的那场经济危机，亦使美国普通民众的现实生活受到巨大影响，最突出的表现就是当时美国居高不下的失业率问题。示威行动发起者之一的凯利拉森说："我们之所以发起本次抗议行动，是因为感觉美国已经到了必须改变的时刻。很多人失去了工作，无家可归，整个国家都在受伤害，而造成这些后果的那些人却置身事外，没有受到任何惩罚。"尽管美国的当政者一再向拥护他的选民们表达"改变、希望、未来"，但事实证明，一切还没有改变，广大的民众还看不到希望和未来。而这一切都根源于资本主义制度的本质。

尽管世界各方声音对占领华尔街运动的评价不尽相同，但是我们仍然可以注意到：一方面，在资本主义制度之下，资本主义国家和社会依然面临着重大问题与巨大困难，需要从各个方面作出与实际情况相适应的调整，以缓解经济危机带来的消极影响、民众对高失业率的不满以及国内贫富差距过大并不断在拉大的趋势等引起、激化社会矛盾的一系列问题；另一方面，一场群众性运动并没有使资本主义的根基发生动摇，资本主义的制度也未改变，资本主义仍然具有顽强的生命力。但是，应当清醒地认识到，当代资本主义仍然具有列宁总结的帝国主义的基本特征和本质，无法从根本上化解资本主义的基本矛盾。垂死的资本主义的性质也就无法改变，只是在过渡到社会主义之前，必然要经历一个漫长的历史过程。

第四节　引领社会主义建设实践的有力思想武器

在帝国主义国家发动的第二次世界大战结束后，中国等一系列国家取得了革命的胜利并走上了社会主义的道路，为社会主义阵营注入了新鲜血液，与前苏联一起形成了横跨欧亚大陆的世界体系。20世纪90年代，随着苏联解体和东欧剧变，以美国和苏联为代表的两大阵营之间在经济、政治、军事、外交、文化、意识形态等方面长达半世纪的对抗状态宣告结束。但是，以中国为代表的其他社会主义国家仍然存在，特别是在中国改革开放之后取得了举世瞩目的成就，世界社会主义的发展和进步使西方资本主义国家感到极度恐慌。"无产阶级是资产阶级掘墓人"的历史角色，使资本主义国家采取各种手段加紧对社会主义的演变和颠覆。对于中国来说，全国人民正处在中国共产党的领导下意气风发地开展社会主义建设实践和中华民族伟大复兴的历史征程中，在这个关键时期，运用马克思主义的帝国主义理论，正确认识当代资本主义的现象与实质，无疑具有重要的时代意义与价值。

资本主义政治攻势的实质。世界大战过程中，生灵涂炭，人权普遍遭受法西斯的残暴践踏，当世界恢复和平，世界范围内响起人权保护的呼声。随着保护人权国际公约的达成，使本来属于一国国内法律管辖的人权问题开始走向国际化。人权问题国际化本身是具有一定的进步意义的，它在不同角度上反映出世界人民反对战争、希望和维护世界和平的朴实愿望。然而，人权问题却被别有用心之人歪曲和利用，被资本主义长期存在的有针对性的政治攻势所利用并沦为其重要的手段和工具。西方资本主义国家提出的"人权高于主权""主权有限论"等观点，以维护人权，推行人道主义为借口，企图利用人权问题跨越国家主权界限，随意干涉别国的内政，对别国主权进行挑衅，还用道德借口掩饰其恶劣的实质。某些西方大国似乎总是对其他国家所谓人权问题保持"深切关注"，时常颐指气使、不乏傲慢与偏见地对他国人权状况说三道四；对不同国家采用不同的人权标准，对本国和其他国家的人权评价也采用不同的人权标准。由所谓西方民主国家发起人权攻势尤其针对社会主义国家和走自主民主路线的发展中国家，力图通过这种言论攻击和武力威胁使这些国家资本主义化。这种干涉实际上就是为帝国实施霸权统治世界扫除意识形态上的阻碍，以致于在原社会主义国家中推行资本主义价值观，西化其国家制度，以扩充资本主义世界的力量，企图在世界范围内推翻所有社会主义国家的政权，将整个世界资本主义化。这种在意识形态领域的殖民和统治的企图，与列宁曾经指出的帝国主义对外扩张的殖民主义思想如出一辙。

帝国主义局部战争的意义。当今世界最大的、实力最强的资本主义国家——美国，总是致力于在意识形态领域颠覆其他国家的民主和价值信仰，实现美国支配世界的图谋。在永葆美国在全球的军事绝对优势地位后，利用美国价值、美国民主和普世利益的输出，在全球范围内建立属于美国的价值体系，在精神层面上防止任何一国超越美国的地位，或获得崛起的机会。利用维护世界和平，打击恐怖主义力量的幌子，用军事手段打倒一切与美国为敌的"无赖国家"，最终保持美国国家的绝对安全和绝对利益的实现，使那些经过美国模式改造的国家最大程度地接受美国的领导。"9·11"事件之后，美国宣称伊拉克境内存在大规模杀伤性武器，并绕过联合国对伊拉克采取武力制裁手段，悍然发动伊拉克战争。其战争实质，一方面是要转移国内社会矛盾和危机视线，另一方面则是典型的推行帝国主义的霸权行为。国际油价的上涨，必然触动美国及其盟国在海湾地区的石油利益，这场战争完全是一场具有侵略性质的战争，是一场现代版的以美国为首的帝国主义国家掠夺伊拉克国家的石油资源以及谋取中东地区石油等能源实际控制权的战争，而所谓防扩散、人权与正义的目的只是帝国主义国家掩盖其谋夺世界能源利益以维护世界领导权地位这一真实目的的遮羞布。

当"和平"手段无法实现其野心和企图使，也必然诉诸于武力来解决问题。如对伊拉克战争这样的局部战争，也正说明了列宁曾经指出的，只要资本主义制度仍然存在，帝国主义的本质就不会改变，这就决定了帝国主义掠夺和侵略的本性不会改变，帝国主义就是战争。随着资本主义过渡到垄断阶段，垄断组织必然要通过垄断资本的不断积聚、增值和扩张来实现其垄断利益的最大化。垄断者攫取垄断利益的方式无外乎 3 种：一是剥削国内劳动者和普通消费者；二是不断推行殖民政策，从其殖民地、半殖民地或附属国通过不对等交易等手段残酷掠夺和剥削；三是从其他垄断资本或竞争对手那里伺机抢夺其垄断利润。垄断者攫取垄断利益的本性决定了帝国主义剥削、压迫和扩张、掠夺的本性，而使用武力手段则是帝国主义国家维护和实现其这一本性的惯常手段与途径。为了镇压国家内部和所属殖民地区受到剥削和压迫的劳动者阶层的反抗和斗争，为了打击其他帝国主义国家取得竞争优势从而获得世界霸权，帝国主义国家之间往往存在激烈的军备竞赛，通过经济军事化为帝国发展奠定必要的物质条件。不断将大量的人力、物力以及先进科技优先用于军事目的，不断增加军费开支，持续发展军事工业，全球开展军火销售……帝国主义国家为维护和巩固国内统治与继续和扩大对外掠夺之目的作出的一系列军事准备，必然激起其他帝国主义国家以及直接或间接受到帝国主义战争威胁的国家的警惕，即便不为与其争锋、只为正当防卫考虑也不得不从军事、经济以及科技等方面着手备战，至此，世界范围内大量的物质文明成果和人类精神财富被牵制在军事发展上，全球处处可见火药桶，即使是一次擦枪走火也极有可能引发一场战争。随着时代的发展和进步，国际关系和利益错综复杂，很难再爆发像一战、二战那样的世界范围的帝国主义战争。但是，帝国主义国家之间的和平状态只是一种表面现象，而战争则是其本质属性决定的，是绝对的、不可避免的。帝国主义相对的、暂时的和平不过是为再次发动战争积蓄力量、创造条件。帝国主义的本性决定了帝国主义世界大战条件成熟之前只有通过不断发动局部战争来保持其寄生性和腐朽。

帝国主义终将灭亡的命运。诚然，为了适应生产力的发展和生产社会化的提高，资本主义对自身作出的调节在很大程度上延续了它的生命，就像二战后至今，帝国主义的确实现了相对稳定和发展，于是，许多搞资本主义自由化的人便以此为据否定并宣扬马克思主义关于"资本主义必然灭亡、社会主义必然胜利"的科学论断已经过时，鼓吹现代资本主义的"稳定与发展"必然使其万古不朽、永世长存。但是，我们只要秉持马克思主义的基本观点，以历史唯物主义的观点辩证、全面地进行分析，不难得出结论：帝国主义终将难逃走向灭亡的命运。必须清楚地认识到资本主义制度框架下，其基本矛盾不可能得到有效彻底地解决。资本主义社会生产力与生产关系之间的矛盾、无产阶级与资产阶级之间的矛盾，帝国主义国家与反对帝国主义的第三世界发展中国家之间的矛盾，帝国主义国家之间为攫取利润、占有资源、争夺霸权而产生的矛盾，始终是否定帝国主义继续生存的重要依据。因此，资本主义国家为此所付出的一切努力，无论出现什么样的发展新局面、新现象、新问题，都不能改变其终将为社会主义所取代的历史命运，这一点早在百年前，马克思和列宁就作出过科学的预见和判断。垄断资本主义发展到一定阶段，如果不向外继续扩张就会导致其灭亡，不想灭亡就只有不停地扩张。现代资本主义为实现向外扩张而延续生命的目的，简单概括有两个中心点：一是廉价买进国内所需各种资源，二是高价销售国内大量剩余产品，从而获得高额利润。于是，获得廉价原料产地和商品倾销市场仍然是帝国主义向外扩张的重心，现代资本主义将目光投向了发展中国家。同时，资本主义不会自己走向灭亡，它总是会利用这样或者那样的手段去拖延迈向社会主义的脚步。尽管随着资本主义的现代发展，其基本矛盾也随之不断加深和激化，但是诸如科技革命、资本占有形式、政策调整等多种复杂因素的共同作用，使资本主义的基本矛盾时而激化、时而缓解，呈现出激化——缓解——再激化——再缓解的循环往复的状态。因此，资本主义基本矛盾运动过程中所呈现出的复杂性和曲折性，决定了社会主义取得取代资本主义的胜利必然要经历一个复杂的、曲折的、长期的历史过程。正如马克思在《政治经济学批判》序言中指出的那样："无论哪一个社会形态，在它所能容纳的全部生产力发挥出来以前，是绝不会灭亡的；而新的更高的生产关系，在它的物质存在条件在旧社会的胞胎里成熟以前，是绝不会出现的。"因此，应当认识到，资本主义基本矛盾运动发展的过程，也是为向社会主义过渡创造必要物质条件准备的过程。只要资本主义制度仍然存在，资本主义的基本矛盾就不会消失和发生改变，无产阶级只有不失时机地充分利用资本主义的基本矛盾，不遗余力地充实自己的力量，对资本主义展开不懈地斗争而取得不断的胜利，才能最终实现这一历史的过渡。当代中国必须认清社会主义取代资本主义的必然性与长期性，必须坚定这一信念。

认清现代资本主义的本质，坚持中国特色社会主义发展道路。当今时代，和平与发展成为主题。社会主义与资本主义两大体系并存于世，两者既相互联系，又相互斗争。中国改革开放的深化发展，使社会主义的优越性显现锋芒，致使资本主义自身调节的过程中，经常借鉴社会主义国家的一些做法；而社会主义国家在发展壮大的过程中，也在积极吸收着世界其他国家，特别是西方发达资本主义国家的成功经验和文明成果。但是，必须认清当代社会主义的力量仍然很薄弱，并时刻处于帝国主义的包围与和平演变之中。中国只有不断提高自身综合实力，才能逐渐缩小同发达资本主义国家之间的差距，才能顶住国际社会的巨大压力，不断提升国家的国际影响力和地位，切实维护中国作为负责任大国的国际形象。改革开放之后的30多年里，中国的国家实力得到了显著的提升，尤其是在进入新世纪之后，中国经济社会的整体面貌和发展水平更是实现了翻天覆地的变化，取得了令世界瞩目的辉煌成就。如今的中国已是世界第一大外汇储备国、第二大经济体、第三大贸易国。曾经国外学者感慨：21世纪之前，美国一咳嗽，世界经济就要感冒；但是21世纪之后，中国一跺脚，世界经济就要震动。非常形象生动地描绘了中国经济实力和经济影响力在这一时期的明显变化。另外，在政治上，中国的国际政治影响力和政治话语权都在不断提升。在军事上，中国的综合军力已经排在了世界第三位，仅次于美国和俄罗斯，等等。这些都成为吸引世界目光的耀眼焦点，也意味着中国在和平发展的道路上正在一步步走向崛起。

当前错综复杂的国际关系中，国家综合实力竞争与博弈的结果直接决定了一个国家在未来国际秩序中的地位和排序。美国哈佛大学教授约瑟夫·奈将国家综合实力划分为硬实力与软实力。在谈到国家实力发展状况的场合，人们往往更容易注意到硬实力的状态，因为硬实力作为客观存在是看得见、摸得着的。就像中国古代战国时期著名改革家商鞅在回答秦公"何谓综合混一的强大国力"的提问时描绘的那样，"人口众多、农工兴旺、府库充盈、甲兵强盛、民勇公战，有此五者，堪称强国"。从古至今，国家一直都注重硬实力的建设和发展。而当今世界，各国在注重硬实力的同时，逐渐认识到软实力对于国家发展的重要影响，纷纷加强软实力建设。西方发达国家凭借自身在经济、政治、军事、科技等诸多体现国家硬实力的领域中的强大优势，不断向国外推行所谓民主、平等、自由、人权等价值观，其真实目的就是向世界扩张自己软实力及其影响力。

发展中的中国也同样意识到发展国家软实力的重要性。中国提出建设社会主义文化强国的目标和任务，正说明了国家已经注重软实力的培养和建设。一般认为，软实力产生自文化吸引力，国家文化事业的发展直接影响到自身的软实力。当前中国致力于推进社会主义核心价值体系的建设与发展，并把这一目标和任务贯穿于改革开发、社会主义现代化建设中的各个领域和环节。一方面，坚持用社会主义核心价值体系引领社会思潮，坚持马克思主义的指导地位，坚定中国特色社会主义的共同理想，以确保我们一直走在社会主义先进文化的发展道路之上；另一方面，大力弘扬以爱国主义为核心的民族精神和以改革创新为核心的时代精神，鼓励创作出更多优秀文化作品，加快发展文化产业，推动文化体制改革，积极培养和建设文化人才队伍，以为社会主义文化大发展大繁荣提供有力的物质和人才的支撑和保障。文化事业的发展在满足中国人民日常生活中的精神需求的同时，不断运用各种平台向外界展示出中国文化的巨大吸引力，促使中国传统文化走向世界。例如，中国已在全球117个国家或地区建立起435所孔子学院和644个孔子课堂，据不完全统计，全球大约有1亿外国人在学习汉语。在国家行为对文化建设的大力推动之下，必然朝气蓬勃地发展，也必将不断提升国家的软实力。

另外，国家软实力还表现在制度感召力和人民形象力两个方面。只有充分体现出社会主义制度的优越性，才能提升中国特色社会主义制度的国际影响力和感召力；通过发展国民教育和文化事业建设，不断提高国民素质，努力培养国民使其具有与国家地位相称的修养和气度以及作为大国国民在待人接物上应当具备的坦然自信的心态，通过努力营造中国人良好的国际形象来展示中国的国家形象。不能只是让西方人记住大熊猫、中国结或者中国功夫，而是通过文化产业建设创造出更多优秀的能够真实反映当代中国人形象和中国魅力的文化产品，并将其传播至世界各地，使各国人民更加了解今天进步的中国和文明的中国人，重新勾画外国人眼中已经模糊的中国人形象的印记。

中国共产党第十八次全国代表大会明确提出，社会主义文化建设的发展方向是建设社会主义文化强国。之所以要建设文化强国，一方面，是要满足人民不断增长的对精神文化的现实需求，另一方面，更加重视促进社会主义核心价值观的形成，增加社会共识，抵御资本主义国家的文化侵略和价值观殖民。经过历史与实践的反复检验证明，列宁关于帝国主义的理论是帝国主义时期无产阶级革命斗争的行动指南和思想武器。时至今日，列宁思想仍然熠熠生辉。越来越多的人注意到，要想正确认识新时代背景下资本主义的本质及其对社会主义实践的影响，仍然离不开列宁帝国主义理论的指导。中国在发展的道路上，必须坚持以发展的马克思主义的理论去抵制资本主义制度和腐朽思想的侵蚀，必须坚持中国特色社会主义的道路自信、理论自信、制度自信，增强全国各族人民的信心，凝聚力量、攻坚克难，夺取中国特色社会主义的新胜利，实现中华民族的伟大复兴，实现国家富强、民族振兴、人民幸福的"中国梦"，为社会主义世界历史书写21世纪的精彩华章。

名词解释

1. **盎格鲁－撒克逊主义** 盎格鲁－撒克逊的本意就是盎格鲁和撒克逊两个民族结合的民族，是一个集合用语。盎格鲁－撒克逊主义隐含着一种强烈的种族优越感，盎格鲁人和撒克逊人都属于"上帝的选民"，除此之外的其他民族都是被上帝抛弃的民族。因此，这些被上帝抛弃的民族理当服从盎格鲁人和撒克逊人的意志，并成为其恭敬顺从的臣民。而在19世纪40年代时的美国，盎格鲁－撒克逊主义者更将盎格鲁－撒克逊直接看作是区别于黑人、印第安人甚至亚洲人等有色人种的美国白人。

2. **第二国际** 第二国际是各国社会党的国际联合组织，成立于1889年7月14日巴黎国际社会主义者代表大会上。第二国际初期，在恩格斯的指导和影响下，基本上执行了马克思主义路线，团结了工人阶级队伍，进行了反对无政府主义和机会主义的斗争，传播了马克思主义，促进了各国工人组织、工人运动的发展。1895年恩格斯逝世后，各国党内的机会主义迅速滋长起来，第二国际逐渐分化为三派：以伯恩施坦为首的右派，是公开的修正主义者；以考茨基为首的中派，是以马克思主义伪装的修正主义者；以卡尔·李卜克内西、卢森堡为代表的左派。1905年10月，列宁作为俄国社会民主工党的代表参加了第二国家的常设执行机关——国际社会党执行局，团结了各国左派，同修正主义者展开斗争。由于伯恩施坦和考茨基等修正主义者占据着第二国际的领导地位，使第二国际变质，一战爆发后，第二国际的修正主义者们进一步公开背叛无产阶级革命，支持本国资产阶级政府进行帝国主义战争，从而使第二国际彻底破产。

3．**杜鲁门主义**　杜鲁门主义是由美国于 1947 年 3 月 12 日提出的，被普遍地认为是美国外交政策上的一个新的急剧转变，苏联认为杜鲁门主义是美国方面对苏联控制地区与苏俄扩张的一个公开威胁。"杜鲁门主义"是对别国内政的干涉，与美国当时实行的马歇尔计划共同构成美国对外政策的基础，标志着美苏在二战中的同盟关系的结束及冷战的开始，也标志着美国作为战后第一大国的世界霸主地位的确立。在此后长达 30 年的时间内，杜鲁门主义一直作为美国对外政策的基本原则并起着支配性作用。

4．**道琼斯工业指数**　道琼斯工业指数，简称"道指"，是由华尔街日报和道琼斯公司创建者查尔斯·道创造的几种股票市场指数之一。这个指数作为测量美国股票市场上工业构成的发展，是最悠久的美国市场指数之一。

5．**法西斯**　法西斯原是拉丁文，意为束棒，即一根被多根绑在一起的木棍围绕的斧头，在古罗马是权力和威信的标志。法西斯主义主要是集体主义、军国主义、无政府主义的极端表现形式，本质是极端专制。最早出现的法西斯主义国家和组织是 1919 年成立的德国工人党、意大利的"战斗法西斯"和日本的犹存社。

6．**国际卡尔特**　国际卡特尔是国际垄断组织的一种形式，即各国大企业的联合垄断联盟，这些企业就同类产品进行统一定量生产、定价，并共同分割国际市场占有率，排挤独立生产企业，在同行业联盟中不搞恶意竞争，以保证利益最大化。与国内垄断一样，国际卡特尔也不能消除竞争，反而会使竞争变得更加激烈。

7. **改良主义** 改良，原指去掉事物的个别缺点，使更适合要求之义，暗含在现有的基础上修改，不包括推翻重来。改良主义是一种政治思想，一般来说，是作为暴力革命对立面而出现的。所谓革命，是要求从根本上改变事物的本质。改良主义并非排除暴力革命，而是以温和的手段在细枝末节上对原有体系制度进行修定补充。

8. **过剩资本** 过剩资本是因缺乏有利的投资机会而相对多余的资本。在垄断前资本主义时期，由于商品生产过剩，不能全部实现剩余价值，以及资本有机构成提高，开办企业所需的最低资本额增大，利润率下降，出现了某些资本过剩的现象。到了帝国主义阶段，一方面，垄断的统治加强了对劳动人民的剥削和社会资本的集中，使少数垄断资本家积累了庞大的货币资本，另一方面，垄断组织控制着国内有利的投资场所，阻碍新资本的投入，因而产生大量相对多余的资本。如果把这些资本用来改善和提高劳动人民的物质和文化生活，是不会出现资本过剩的，但是这在资本主义制度下是办不到的。所以，过剩资本是相对于有利可图的投资场所而言，不是绝对的过剩。过剩资本是资本输出的前提。

9. **寡头统治** 寡头即少数人或集团，寡头统治在政治中指政府和国家由少数人管理和操纵，其极端表现是专制统治，与其对立的体制是自由、民主。

10. **公债** 公债是指的是政府为筹措财政资金，凭其信誉按照一定程序向投资者出具的，承诺在一定时期支付利息和到期偿还本金的一种格式化的债权债务凭证。垄断资本主义时期，资本主义国家为向社会筹集资金而发行公债，最主要的目的就是弥补财政赤字。通常是依靠增加税收或发行新的公债来还本付息。公债一般是由资本家和银行承购。公债给资本家带来优厚和稳定的利息。银行推销公债，还可从中获得大量的佣金。这实际上是当时资本主义国家把用租税等方式从劳动者那里搜刮来的财富，再以公债利息和佣金的名义塞进资本家的口袋。因此，资本主义国家发行公债对资本家是特别有利的。

11. **军国主义** 军国主义是指崇尚武力和军事扩张，将穷兵黩武和侵略扩张作为立国之本，把国家完全置于军事控制之下，使政治、经济、文化等国家生活的各个方面均服务于扩军备战和对外战争的思想和政治制度。第二次世界大战前夕的德国和日本都是军国主义国家的典型。

12. **金融资本** 金融资本就是工业垄断资本和银行垄断资本在一起而形成的垄断资本。途径包括金融联系，资本参与和人事参与。

13. **经济全球化** 经济全球化是指世界经济活动超越国界，通过对外贸易、资本流动、技术转移、提供服务、相互依存、相互联系而形成的全球范围的有机经济整体，是商品、技术、信息、服务、货币、人员等生产要素跨国跨地区的流动（简单地说也就是世界经济日益成为紧密联系的一个整体）。经济全球化是当代世界经济的重要特征之一，也是世界经济发展的重要趋势。

14. **剪息票** 剪息票是附印于公债票、公司债票等上面的利息票券，按期剪下，以此为凭证支取利息，即为剪息票，它是债券持有人获取利息的一种方式。

15. **恐怖组织**　恐怖组织是恐怖分子组成的网络与组织，这些组织通常分于世界各地，透过各种极端的行为与手段来发泄、引起关注或强迫他人接受自己的主张为手段，并且是反人类、反社会的成员。从世界范围来看，"恐怖组织"主要为弱势民族、对抗强权、宗教、政治主张以及仇富等因素导致走向极端而形成，因此，客观上恐怖组织带有政治性。目前，世界上有案可查的非政府恐怖组织多达1000多个。比较活跃且影响较大的也不下几十个，本·拉登的组织是全球最大的恐怖组织。

16. **跨国公司**　跨国公司，又称多国公司、国际公司、超国家公司和宇宙公司等。20世纪70年代初，联合国经济及社会理事会组成了由知名人士参加的小组，较为全面地考察了跨国公司的各种准则和定义后，于1974年作出决议，决定联合国统一采用"跨国公司"这一名称。跨国公司主要是指发达资本主义国家的垄断企业，以本国为基地，通过对外直接投资，在世界各地设立分支机构或子公司，从事国际化生产和经营活动的垄断企业。

17. **垄断**　垄断一词为经济学术语，一般分为卖方垄断和买方垄断。卖方垄断指唯一的卖者在一个或多个市场，通过一个或多个阶段，面对竞争性的消费者；买者垄断则刚刚相反。垄断者在市场上，可以根据自己的利益需求，调节价格与产量。在政治经济学中，认为垄断是资本主义经济里，少数资本主义大企业凭借其控制的巨额资本，足够的生产经营规模和市场份额，为了获得高额利润，通过协定、同盟、联合、参股等方法，对一个或几个部门商品的生产、销售和价格进行操纵和控制的活动。

18. **垄断价格**　垄断价格就是垄断组织在销售商品或购买生产资料时，凭借其垄断地位所规定的、旨在保证最大限度利润的市场价格。资本家依靠垄断价格所获得的垄断利润。商品本身所包含的价值与剩余价值并不因垄断存在而增加，因此，垄断资本家想要获得高额利润，除了在商品生产过程中攫取工人创造的剩余价值之外，还在商品流通销售过程中，通过制定垄断高价的方式获得高额垄断利润。一般来说，垄断资本家通过以下几种途径攫取利润：一是直接抬高消费品销售价格；二是压低原材料收购价格以减少生产成本；三是利用垄断地位排挤竞争对手并据其部分利润为己有；四是向殖民地或者附属国倾销商品、进行不等价交换以攫取巨额利润。

19. **垄断组织**　资本主义垄断组织是指掌握了一个或几个生产部门大部分产品的生产和销售的资本主义大企业或这些大企业的联盟，它的主要形式有卡特尔、辛迪加、托拉斯、康采恩等。

20. **垄断资本主义**　帝国主义即垄断资本主义，是资本主义的垄断阶段，也是资本主义发展的最高阶级和最后阶段。随着生产力的发展和生产社会化程度的提高，资本关系的社会化随之发展，资本主义生产关系发生新的变化，垄断组织的统治成为经济生活的基础，资本主义就从自由竞争阶段进入垄断阶段。

21. **罗马条约**　1957 年 3 月 25 日，在欧洲煤钢共同体的基础上，法国、前联邦德国、意大利、荷兰、比利时和卢森堡 6 国政府首脑和外长在罗马签署《欧洲经济合作条约》和《欧洲原子能共同体条约》，后来人们称这两条约为《罗马条约》。同年 7 月 19 日到 12 月 4 日，六国议会先后批准了，条约于 1958 年 1 月 1 日生效，该条约的生效标志着欧洲联盟的前身——欧洲经济共同体的正式成立，即正式确定建立一个共同市场的总目标。这是欧洲一体化的重要步骤。

22. **冷战** 冷战是指发生在 1947 年至 1991 年间的，以美国为首的西方资本主义国家与以前苏联为首的社会主义国家两大阵营之间的，除了直接交战以外，在经济、政治、军事、外交、文化以及意识形态等各个领域都长期处于对抗和冲突状态的时期。

23. **马斯特里赫特条约** 马斯特里赫特条约，即欧洲联盟条约，它是于 1991 年 12 月 9 日至 10 日第 46 届欧洲共同体首脑会议上签署的条约，包括《欧洲经济与货币联盟条约》和《政治联盟条约》。这一条约是对《罗马条约》的修订，它为欧共体建立政治联盟和经济与货币联盟确立了目标与步骤，是欧洲联盟成立的基础。

24. **孟什维克** 地处欧洲东部和亚洲北部的俄国早期工人运动中的资产阶级改良主义派别。俄文音译，意为少数派。1903 年 7—8 月召开俄国社会民主工党第二次代表大会期间，以列宁为首的马克思主义者同马尔托夫等人在制定党章时发生尖锐分歧。大会在选举中央领导机关成员时，拥护列宁的人得多数票，称布尔什维克（意为多数派），马尔托夫等得少数票，称孟什维克。会后，孟什维克发展成为俄国社会民主工党内主要的右倾机会主义派别，其观点称为孟什维主义。

25. **马歇尔计划** 马歇尔计划的官方名称为欧洲复兴计划，是第二次世界大战结束后美国对被战争破坏的西欧各国进行经济援助、协助重建的计划，对欧洲国家的发展和世界政治格局产生了深远的影响。该计划于 1947 年 7 月正式启动，并整整持续了 4 个财政年度之久。在这段时期内，西欧各国通过参加经济合作发展组织（OECD）总共接受了美国包括金融、技术、设备等各种形式的援助合计 130 亿美元。

26. **民族解放运动**　民族解放运动是指殖民地半殖民地人民争取民族独立和进行民族解放斗争的历史。主要包括北美独立战争、拉美独立革命、亚洲革命风暴、19 世纪末 20 世纪初亚非拉民族民主运动、一战后亚非的民族解放运动、30 年代亚非人民反法西斯的斗争、二战后初期亚非国家的民族独立运动和 20 世纪 60—90 年代亚非拉民族解放运动等。民族解放运动贯穿于整个世界近现代史，是其主要线索之一。

27. **欧洲经济货币同盟**　欧洲 11 个国家（法国、德国、奥地利、比利时、芬兰、爱尔兰、意大利、卢森堡、葡萄牙、西班牙、荷兰）于 1991 年订定马斯垂克条约，于 1999 年元月 1 日起正式成立欧洲单一货币（欧元）向政经统合之路迈出一大步，成为继美国之后的第二大单一货币市场。

28. **欧洲煤钢联营条约**　西欧部分国家为促成煤炭和钢铁工业一体化而成立的经济联合体。1950 年法国外长舒曼提出"欧洲煤钢联营计划"（即"舒曼计划"），建议愿将本国经济中的煤钢部门管理权委托给某一独立机构的国家成立煤钢共同市场。此后，法、前西德、意、比、荷、卢等 6 个西欧国家开始在此计划基础上进行谈判。1951 年 4 月 18 日上述 6 国在巴黎签订为期 50 年的《欧洲煤钢联营条约》，它标志着欧洲煤钢联营正式成立。至 1954 年，这些国家的煤、焦炭、钢、生铁等的贸易壁垒几乎完全消除。联营先后制订一系列共同规章，监督卡特尔和调整企业合并。其中央执行机构决定价格、规定生产限额并被援权对违反条约、规章的企业进行处罚。欧洲煤钢联营使"欧洲煤钢联营计划"得以实现，以后又发展为欧洲经济共同体。1967 年，其部长理事会和委员会与欧洲经济共同体的对应机构合并。

29. **普世价值** 普世价值是放之四海皆准的价值观，即人类共同的价值观；内容包含："民主、自由、法制、人权"等等。普世价值的核心是人权至上，国家有义务捍卫国民与生俱来的权利，如生存的权利、免于恐惧的权利、生育的权利、知的权利、免于匮乏的权利、表达的自由、思想的自由。

30. **生产社会化** 生产社会化是指生产过程本身的社会化，即由分散的个体生产转变为集中的、由协作和分工联系起来的大规模社会生产的过程。生产社会化是随着资本主义生产方式的产生和发展而发展的，它包括相互联系的 3 个方面：第一，生产资料使用的社会化，即生产过程中使用的工具和机器等生产资料由个体分散使用转变成为多数人共同使用；第二，生产过程的社会化，即生产过程需要各个部门的有机衔接和配合，一系列个体行为转变为社会群体行动；第三，生产成品的社会化，即生产的产品需要通过市场交换的过程供应全社会。

31. **社会帝国主义** 社会帝国主义，又称苏联修正主义，简称为苏修。这个"文革"名词出现的原因是赫鲁晓夫上台后大力批判斯大林主义与苏联共产党前领导人斯大林并对中华人民共和国大力施压以攫取利益。中国共产党和中华人民共和国领导人认为苏联的做法已经背离了社会主义路线形成了新的帝国主义，于是开始称自己曾经的"老大哥"为"苏修社会帝国主义"。社会帝国主义一词，列宁首先使用，指口头上的社会主义实际上的帝国主义。

32. **社会沙文主义** 沙文主义原指极端的、不合理的、过分的爱国主义（因此也是一种民族主义）。社会沙文主义一词在第一次世界大战时开始出现，它是指战争期间由社会主义者或者社会民主主义者提出的，在鼓吹社会主义优越性的基础上支持对别国文化、政治施行帝国主义政策的一种极端的、不合理的、过分的爱国主义。社会沙文主义实质上是口头上的社会主义，实际上的沙文主义。

33. **食利国** 食利国也称放债国，指向国外投资或贷款，以榨取高额利润和利息的帝国主义国家，它是帝国主义寄生性和腐朽性的表现之一。

34. **剩余价值** 剩余价值是马克思主义政治经济学的核心概念，认为资本主义生产的实质就是剩余价值的生产，剩余价值规律是资本主义的基本经济规律，它决定着资本主义的一切主要方面和矛盾发展的全部过程；决定着资本主义生产的高涨和危机；决定着资本主义的发展和灭亡。

35. **无政府状态** 根据《韦氏新大学词典》（第九版）的解释，无政府状态一词主要有以下几种含义：一是指没有政府或缺乏控制；二是指由于不存在政府而导致的没有法律和政治秩序的混乱和无序；三是指由于不存在政府而人人享有完全自由的乌托邦社会；四是指单纯的缺乏秩序（与政治和政府无关）。根据《牛津英语词典》的解释，将无政府状态定义为政治上的无序。因此根据常识，人们常常认为无政府就意味着混乱和无序。

36. **新干涉主义** 新干涉主义是指在当前的国际环境下出现的一种以人道主义和捍卫西方共同的价值观为借口，以武力干涉别国内政为手段，以推行霸权主义和构筑有利于西方的国际关系新秩序为目的的思潮和模式。以科索沃危机为契机，新干涉主义正在西方乃至全球日渐抬头。它作为一种处理国际问题的模式，日益显示出对国际关系的危害。而且在美国及其盟国的推动下，新干涉主义在理论上日渐完备，在行动上日渐机制化、制度化、模式化。

37. **信贷**　信贷即信用贷款，是指以借款人的信誉发放的贷款，借款人不需要提供担保。其特征就是债务人无需提供抵押品或第三方担保仅凭自己的信誉就能取得贷款，并引以借款人信用程度作为还款保证的。在资本主义制度下，资本家通过信贷手段来加速资本周转，扩充资本以继续扩大生产规模。在此意义上，信贷能促进资本和生产集中，从而促进垄断的形成。资本主义生产无政府状态和虚假繁荣，是由虚拟资本和信贷膨胀造成的。而信贷行为之下使资本家之间发生债权债务关系，当其中一方发生信用危机或破产时，必然在其之间发生连锁反应，从而导致社会经济陷入混乱，加速资本主义经济危机的到来。

38. **修正主义**　修正主义一词，是在共产主义运动中对马克思主义进行歪曲、篡改、否定的一类资产阶级思潮和政治势力，是国际工人运动中打着马克思主义旗号反对马克思主义的机会主义思潮。因伯恩施坦在马克思和恩格斯逝世后不久的19世纪末至20世纪初，曾首先提出对马克思的学说进行"修正"，从而公开地、全面地篡改马克思主义，故又称伯恩施坦主义。

39. **银行资本**　在资本主义社会，银行是经营货币货币资本，充当信用中介的企业。银行资本是经营银行业务的资本。银行所支配的资本包括自己投入的资本和存款。银行资本获取银行利润，它是工人创造的剩余价值的一种转化形态，是由贷款利息大于存款利息的差再减去业务上的费用构成的。

40. **有价证券**　有价证券是指标有票面金额，用于证明持有人或该证券指定的特定主体对特定财产拥有所有权或债券的凭证。

有价证券是虚拟资本的一种形式，它本身没价值，但有价格。有价证券按其所表明的财产权利的不同性质，可分为3类：商品证券、货币证券及资本证券。在垄断资本主义时期，有价证券成为资本家进行投机活动和金融资本加强垄断实力的重要工具。通过发行有价证券，产生一大批专门以"剪息票"维生的，终日游手好闲的食利者阶层，加深了资本主义的寄生性和腐朽性。

41. **原子能发电** 原子能发电是利用铀、钚、钍等核燃料在核反应堆中核裂变所释放出的热能，将水加热成高温高压蒸汽以驱动汽轮发电机组发电的一种发电方式。这种发电对环境很少污染，原料95%可以再利用。

42. **资本输出** 资本输出是资本主义发展高级阶段对外经济侵略的主要手段。"资本输出"指资本主义国家为获得高额利润，用过剩资本向其他国家投资或贷款。资本主义列强对华经济侵略在19世纪70年代以前以商品输出为主，但也开始了早期的资本输出。19世纪晚期后，西方侵华以资本输出为主，商品输出为辅。

43. **资产负债表** 资产负债表亦称财务状况表，表示企业在一定日期（通常为各会计期末）的财务状况（即资产、负债和业主权益的状况）的主要会计报表，资产负债表利用会计平衡原则，将合乎会计原则的资产、负债、股东权益"交易科目分为"资产"和"负债及股东权益"两大区块，在经过分录、转账、分类账、试算、调整等等会计程序后，以特定日期的静态企业情况为基准，浓缩成一张报表。其报表功用除了企业内部除错、经营方向、防止弊端外，也可让所有阅读者于最短时间了解企业经营状况。本书所涉及这一概念之处，表明资本家所提供的资产负债表具有很大的欺骗性，在其编制该表时，时常玩弄平衡把戏，蓄意将资产价值估算得很高，而把债务估算得很低，使表上所体现的资本价值高于实际价值，以便他们隐瞒利润、偷税漏税。

44．**自由贸易** 自由贸易指政府不采用关税、配额或其他形式来干预国际贸易的政策。自由贸易是指国家取消对进出口贸易的限制和障碍，取消本国进出口商品各种优待和特权，对进出口商品不加干涉和限制，使商品自由进出口，在国内市场上自由竞争的贸易政策。与之相对的概念是"保护贸易"，资本主义国家为了维护本国垄断资本家的利益一般都奉行保护贸易政策，真正意义上的自由贸易已经不复存在，从某种意义上来说，只是资本主义国家要求他国门户开放、为自己拓展国外市场扫清道路的一种手段。另外，现代资本主义国家的贸易保护色彩愈发凝重，他们凭借自身在经济和技术上的优势，打着自由贸易的旗号在国际市场竞争中取得了优势地位。同时，资本主义国家在对外贸易问题上时常采用双重原则，即在对待出口贸易时，推行自由贸易；而在对待进口贸易时，则坚持保护主义，强调实行所谓的"公平贸易"。

45．**自由资本主义** 自由资本主义，亦称"垄断前资本主义"，是指以自由竞争为特征的资本主义。是资本主义发展过程中的第一阶段，为垄断资本主义的前身。

46．**职业经理** 职业经理是将企业经营管理工作作为职业，掌握企业经营权并具备将经营管理职业技能的工作群体。职业经理人发端于美国的铁路运输行业。职业经理人，就是专门从事企业高层管理的中坚人才。他的职责定位是以其良好的职业境界、道德修养、专业管理能力，合理利用企业的资源，帮助企业获取最大的利润，从而把企业不断推向前进。

47. **政治献金**　政治献金是指对于从事竞选活动或其他政治相关活动的个人或团体，无偿提供的动产、不动产、不相当对价给付、债务免除或其他经济利益，例如，免费提供竞选办事处之使用或者赠送饮料给拟参选人等情形，均属政治献金的范畴。但是上述政治献金不包含政党党费、政治团体会费或义工服务。美国《联邦选举竞选法》对政治献金的定义是：所谓政治捐献是指金钱或有价物的赠与、捐赠、借贷、垫付或储存，用以影响联邦公职的选举。

48. **宗主国**　宗主国是指国家对其属国的内政及外交拥有若干项的权力，对属国享有宗主权的国家即是宗主国，宗主国通常在一定程度上拥有属国的外交权，但属国仍保有独立的自治权力。